Reinhard Engel

SCHÖNE NEUE WIRTSCHAFTSWELT

Reportagen über Gewinner und Verlierer

GEGRÜNDET
1999

Reinhard Engel

SCHÖNE NEUE WIRTSCHAFTSWELT

Reportagen über Gewinner und Verlierer

CZERNIN VERLAG, WIEN

Die Deutsche Bibliothek – CIP-Einheitsaufnahme
Engel, Reinhard: Schöne, neue Wirtschaftswelt – Reportagen über Gewinner und Verlierer/Reinhard Engel
Wien: Czernin Verlag, 2000
ISBN 3-7076-0044-0

Ein Teil dieser Reportagen erschien erstmals in der Wiener Tageszeitung „Die Presse“ als Serie unter dem Titel: „Gewinner und Verlierer“

Art Direction: Bernhard Kerbl
Cover-Illustration: Jacqueline Godany
Lektorat: Herbert Nikitsch
Herstellung: Die Druckdenker GmbH, Wien
Druck: Wiener Verlag, Himberg
ISBN 3-7076-0044-0

Inhalt

Vorwort

Vor fünf Jahren hat er sich seinen ersten Computer gekauft. Seit einigen Monaten stellt der gelernte Pflanzenschutztechniker Peter F. die österreichischen Landwirtschaftskammern ins Internet. Mittlerweile schicken ihm schon Bauern von Schädlingen befallene Blätter virtuell zur Begutachtung – am Hof eingescannt und via Web.

Für Doris B. schien das berufliche Leben schon zu Ende. Der vierzigjährigen Kellnerin, die von einem Unfall eine leichte Behinderung davongetragen hat, wollte keiner mehr eine Chance geben. Doch sie hat noch einmal neu angefangen, hat Computer-Kurse absolviert – und betreut jetzt in einem Call Center am Telefon die Kundschaft einer privaten Telekom-Firma. Vergessen sind Verzweiflung und Depressionen.

Erwin Sch. hat gleich nach der Matura zu arbeiten begonnen – und ist geradewegs in eine Gründerzeit hineingestolpert. Eben baute ein multinationaler Konzern in Wien seine Osteuropa-Zentrale auf, man brauchte einen Controller. Einige Jahre später – ehemalige Klassenkollegen geben gerade ihre Diplomarbeiten ab – ist er schon Stellvertreter des Finanzchefs und pendelt zwischen seinen Büros in Wien, Laibach, Budapest und Krakau.

Das sind drei Beispiele von dreiunddreißig aus diesem Buch, Beispiele, die einen dramatischen Wandel in der österreichischen Wirtschaft beschreiben. Wenn die Internet-Revolution schon bis ins Dorf gelangt ist – wer kann sich ihr dann in den Städten noch entziehen? In manchen Branchen wüten die neuen Technologien zwar als gnadenlose Job-Killer, anderswo aber bieten sie ungeahnte Möglichkeiten – nicht nur für Spitzenkräfte. Jenseits herkömmlicher Bildungswege und Hierarchien eröffnen sich jungen Menschen plötzlich sehr direkte Aufstiegschancen. Auch die einstige Insel der Selig-Dösenden findet sich so mitten in einer rasanten Internationalisierung.

Die Idee zu diesem Buch ist auf einer Reise durch Osteuropa entstanden – und das mag nur auf den ersten Blick verwundern. Denn bei den Recherchen zu einer ökonomischen Bilanz der zehn Jahre seit dem Fall des Eisernen Vorhangs ist eines immer offensichtlicher geworden: Im Westen sind dieselben Kräfte am Werk, die bei unseren osteuropäischen Nachbarn das Oberste zu unterst gekehrt haben – bloß ohne die rasende Zeitmaschine des politischen Systemwechsels.

Auch in Österreich und in der übrigen EU fegen die globalen Finanzmärkte über die einst halbwegs souveränen Volkswirtschaften hinweg. Wer sich nicht anpasst, geht unter. Auch hierzulande hacken die großen Konzerne ganze Etagen gutverdienender Angestellter aus den Hierarchiepyramiden heraus – und viele sind darauf überhaupt nicht vorbereitet. Und auch im Westen zerbröseln die festgefügten Grenzen zwischen den Unternehmen. Es entstehen komplexe, feingesponnene Netzwerke: im Zentrum einigermaßen stabile, aber schlanke Kernfirmen, darum herum die Trabantenschar der freien Mitarbeiter an befristeten Projekten, der Zulieferer, der Konsulenten und früherer, in die Selbständigkeit entlassenen Unternehmensteile.

Dass das nicht ohne enorme Beanspruchung der Akteure vor sich geht, ist offensichtlich. Und dass dabei oft irrationale Ängste entstehen, ist nur konsequent. Etwa die Angst, von den in die EU strömenden Ungarn oder Polen überrannt zu werden – während gleichzeit die Manager internationaler Investoren für ihre Fabriken in Westungarn kaum jemanden aus dem Osten des Landes zur Übersiedlung bewegen können. Aber natürlich: Es gibt auch wirkliche Verlierer. Menschen, die einfach zu langsam sind für die raschen Takte, die man jetzt fordert, Menschen, deren Ausbildung nicht mehr reicht und die den Anschluss an die neuen Entwicklungen verloren haben, Menschen, deren einst wertvolle Kenntnisse und Fähigkeiten der Markt nicht mehr braucht.

Auch sie kommen in diesen Reportagen über „Gewinner und Verlierer“ zu Wort: der Drucker, der nach Kündigung und Scheidung in eine Abwärtsspirale gezogen wurde, die ihn erst zum Trinker und dann zum Obdachlosen machte und der jetzt – trocken – mühsam versucht, wieder Fuß zu fassen; die ungelernte Küchenhilfe, die ihre erste Ausbildung – zur Hilfsköchin – erst im Alter von vierzig Jahren absolviert; der Wiener Innenstadt-Optiker, den nach den Fotoketten jetzt die ausländischen Brillenhändler unter Druck setzen; und schließlich der elegante Tuchhändler, dessen Familiengeschäft das Ende der Monarchie, Arisierung und Rückgabe wie auch den Verlust des tschechischen Stammhauses überlebte – und den die europäischen Textilhandelsriesen jetzt endgültig vom Markt drängen.

Aber die strahlenden Augen überwiegen. Die Studienabbrecherin aus Kärnten hat in vier brutalen Jahren neben dem Ganztagsjob eine Fachhochschule für internationale Wirtschaft abgeschlossen und sieht optimistisch in die Zukunft. Eine andere junge Frau aus der Weststeiermark – übrigens die erste „Studierte“ aus ihrem Dorf – macht Karriere in der boomenden Leiharbeits-Branche. Zwei dreißigjährige HTL-Techniker haben soeben mittels Management-Buy-Out die hochspezialisierte Abteilung eines schwedischen Telefon-Multis ausgekauft und erwirtschaften bei rasantem Wachstum einen Umsatz von einer halben Milliarde Schilling. Ein südsteirischer Weinbauer, der gerade 25 Millionen Schilling in seinen Keller investiert, spricht davon, dass die Qualität insgesamt schon sehr gut sei, jetzt wolle er aber „noch komplexere" Weine machen.

Doch auch auf das Bild des Aufbruchs fallen Schatten. So hat zwar der EU-Beitritt – wie die Ostöffnung – Österreichs Wirtschaft einen erheblichen Wachstums- und Modernisierungsschub verschafft. Aber nicht alle sind beim Take-off dabei. Der Salzburger Arbeiter eines internationalen Getränkekonzerns wurde in die Pension abgeschoben, weil man Tonic und Bitter Lemon jetzt zollfrei aus Deutschland importieren kann. Ein einst mächtiger obersteirischer Gewerkschafter musste erkennen, dass die Zeit der Betriebskaiser in der verstaatlichen Industrie endgültig zu Ende ist: Der neue ausländische Eigentümer verzichtete einfach auf seine Mitarbeit in der nunmehr schlanken Firma – die Kollegen haben es zähneknirschend zur Kenntnis nehmen müssen.

Manche Portraits dokumentieren, wie schnell die Internationalisierung auch ihr Raubtiergebiss zeigen kann. So etwa dem Umweltconsulter, dem nach Einsetzten der Maßnahmen der EU-14 gegen die österreichische Regierung ein belgischer Auftraggeber gleich am nächsten Tag eine Beratungsleistung storniert hat. Oder der Wiener Fremdenführerin, die auf französischsprachige Gruppen spezialisiert ist und aus demselben Grund einen drastische Rückgang ihres Geschäfts befürchtet.

Im letztgenannten Fall können weder die persönliche Einstellung noch die professionelle Kompetenz verantwortlich gemacht werden. Doch das ist hier die Ausnahme. In den Geschichten, die hier erzählt werden, steht die Leistung des Einzelnen im Mittelpunkt – und damit die Antwort, die er oder sie auf ganz konkrete, oft unüberwindbar scheinende Herausforderungen gibt. Diese Antworten können höchst unterschiedlich sein: klassische Karrieremuster – oder ganz individuelle Wege in die Selbständigkeit.

Hier werden dreiunddreißig Lebenswege erzählt – ohne jede theoretische Vorannahme. Das Buch will nicht mehr als eine Erkundungsfahrt sein zu Menschen in diesem Land, denen Änderung passiert, die Veränderung aktiv gestalten. Die Männer und Frauen, deren Geschichten hier erzählt werden, kommen dabei selbst zu Wort, beobachtet aus neugieriger, aber scheuer Distanz. Diese Reportagen wollen nicht „unter die Haut gehen", wie das die Boulevardmedien, ob gedruckt oder elektronisch, in ihrer Gier nur allzuoft versuchen – ohne Rücksicht auf Verluste. Die beschriebenen Personen sollen Subjekte bleiben, ihre eigene Würde und ihren Raum zum Atmen behalten, ihre Entscheidungen und Fehlentscheidungen ruhig argumentieren können.

Ausdruck dieser vorsichtigen Umgangsweise ist die gewahrte Anonymität der Porträtierten. Zum einen sind Prominenz und der Marktwert der Eitelkeiten hier kein Thema. Zum andern sollen die sogenannten „Verlierer" zu all ihren Schwierigkeiten nicht noch zusätzlich an den Pranger gestellt werden. Und drittens sind viele der hier beschriebenen Menschen nicht wirklich sicher im Umgang mit den Medien und haben daher bei aller Neugier des Lesers ein Recht auf Privatheit.

Diese Texte sollen für den Leser und die Leserin eine leise, aber widerborstige Alternative sein zu den schreienden Banalitäten rund um Hollywood-Starlets, Seherquoten und Börsen-Hype. Sie mögen offen und sensibel machen für den Blick auf die eigene unmittelbare Umgebung, die oft irritierender und exotischer ist als jede Ferienkolonie am anderen Ende der Welt, als jede Geschäftsreise in fremde Städte, wo man doch nur wieder seinesgleichen trifft.

Dreiunddreißig Reportagen – dreiunddreißig ganz unterschiedliche Menschen. Eines aber haben sie gemeinsam: Sie wissen um die Bedeutung des Wortes „lernen". Das gilt für die Wiedereinsteigerin, die es in ihrer zweiten Karriere bis zur Wiener

Geschäftsführerin eines großen deutschen Schmuckhändlers gebracht hat. Das gilt für den weststeirischen Industriedienstleister, der stolz in den dicken Aktenordnern blättert, die die Englisch- und Management-Kurse seiner Belegschaft dokumentieren. Und das gilt letztlich auch für jene, die ausgesperrt geblieben sind vom allgemeinen Wohlstand: Die Küchenkraft, die keine Lehre abgeschlossen hat, drängt heute ihre Kinder in die Schule, „damit es ihnen nicht so geht wie mir".

Dass in diesem Buch Frauen in der Minderheit sind, ist kein Zufall. Selbst hartnäckige Recherche hat in vielen Zukunftsfeldern bei der Suche nach weiblichen Beispielen ein „leider nein" ergeben, und auf einige medienbekannte Fälle wurde auch verzichtet: Sie hätten das Bild allzusehr verfälscht. Denn wenn man einen Schluss aus diesen – nicht repräsentativen – Gesprächen ziehen kann, dann ist es der, dass Österreich, was den Anteil von Frauen in Führungspositionen und in technischen Berufen anlangt, noch deutlich hinter Westeuropa, aber auch einigen mitteleuropäischen Nachbarländern herhinkt.

Dennoch finden sich quer durch die Branchen immer häufiger gewisse Werthaltungen, die man früher gern ausschließlich Frauen zugeschrieben hat. Für den karriereorientierten jungen Aktienhändler ist das angenehme Betriebsklima mindestens ebenso wichtig wie sein Verdienst. Und immer wieder erzählt der eine oder andere, dass er ein profitables Unternehmen verlassen und eine gutbezahlte Stellung aufgegeben hat, weil „die Stimmung nicht gepasst" hat. In mehreren Fällen „optimieren" – um im ökonomischen Jargon zu bleiben – die Porträtierten nicht ihr Einkommen, sondern ihre Lebensqualität.

Die Sammlung enthält auch eine Reihe von Beispielen für unentgeltliche Arbeit. Denn warum sollte man aus Amerika nur die ungezügelte Gewalt der Finanzmärkte übernehmen und nicht auch die ungleich sympathischere Energie der „civil society" mit ihren Wohltätigkeitsbazaren und Ehrenämtern? Diese „civil society" wird – neben weiterer Internationalisierung und neuen Technologieschüben – mit großer Wahrscheinlichkeit auch in Europa bald ein große Rolle spielen. Entstaatlichung und schmale Budgets reißen Lücken ins soziale Netz, die von eigenverantwortlichen Menschen geschlossen werden müssen.

Dazu bedarf es – gerade in Österreich mit seiner hochentwickelten Kunst, alles an den Staat zu delegieren – eines gewaltigen Umdenkprozesses. Es bieten sich aber auch ebenso große Chancen: Wer für den Markt scheinbar für nichts mehr zu gebrauchen ist, könnte wieder in die Gesellschaft zurückgeholt werden, könnte die Gelegenheit zu eigener Leistung erhalten und so seinem Leben wieder einen Sinn geben. Die Kluft zwischen entfremdeter Arbeit und selbstbestimmtem Leben, an der die meisten jahrzehntelang leiden, könnte ein kleines bisschen schmäler werden.

Reinhard Engel
Wien, im September 2000

Das Internet im Herrgottswinkel

Peter F., Pflanzenschutztechniker

„Wo mein Büro ist? Eigentlich dort, wo ich bin. Laptop und Handy habe ich ja immer mit.“ Tatsächlich steht auf der Visitkarte des Diplomingenieurs Peter F. ganz oben die Mobil-Nummer. Dann folgt seine E-mail-Adresse, und erst dann eine stationäre Telefonnummer. „Geschäftsführung“ kann man noch auf der modisch-kühlen, halbseitig grün-blau unterlegten Karte lesen. Und „agrar-net.at“.

Peter F. ist in Sachen Computer ein Spätbekehrter, dafür hat er die Technik inklusive aller Kommunikationsmöglichkeiten dann ganz ernst genommen. „Ich habe mir vor fünf Jahren meinen ersten PC gekauft“, gesteht er mit einem verschmitzten Lächeln. Und seit einem Jahr leitet er das Projekt Agrar-net, mit dessen Hilfe die Landwirtschaftskammern ihren Service für die Bauern zumindest teilweise in den virtuellen Raum verlegen.

Man solle die Landmenschen nicht unterschätzen, betont F. „Genaue Zahlen darüber, wieviele Bauern das Internet nutzen, hat derzeit niemand in Österreich. Aber wir haben noch vor unserem offiziellen Start so viele mails gekriegt – es müssen sehr viele sein.“

F., Jahrgang 1958, der neben dem Laptop auch gerne Mascherl trägt, stammt aus keiner Familie mit Stall und Feldern. Er ist in erster Generation Städter, hat in Linz seine Kindheit verbracht und dort das Gymnasium besucht. Allerdings war erst sein Vater – einen unrentablen Kleinbauernhof fliehend – aus dem Mühlviertel in die Industriestadt gezogen, und so verbrachte auch der kleine Peter viel Zeit bei Verwandten und Bekannten auf dem Land. Lange Jahre war sein Berufswunsch unumstößlich klar: Veterinär wollte er werden wie sein Onkel, und das nicht etwa, um Katzen, Hunde oder Käfigvögel zu betreuen – aufs Land wollte er wieder, als Landtierarzt zum Vieh auf dem Bauernhof.

Für seine konkrete Studienwahl sollte dann eine schmucklose Broschüre in der Maturaklasse verantwortlich sein. In knappen Worten wurden darin verschiedene akademische Möglichkeiten beschrieben, und F., der die Abkürzung „Boku" noch nie gehört hatte, las darin über die Wiener Universität für Bodenkultur und wusste sofort: „Das ist es." Der Mix aus Wissensgebieten über Pflanzen und Tiere, das Angebot von Metereologie, Forstwirtschaft und Pflanzenschutz faszinierte ihn.

1982 beendete er in guter Zeit das Studium mit einer Diplomarbeit über die natürliche Bekämpfung eines Mais-Schädlings, dem er eine bestimmte Wespenart auf den Hals hetzte. Den Versuchs-Teil dieser Arbeit führte er in der Nähe von Linz mit einigen Bauern durch, und schon in den Ferien davor hatte er in der oberösterreichischen Landwirtschaftskammer mehrere Praktika als Berater für Pflanzenbau absolviert. „Das hat mir gefallen, gleich wirkliche Probleme lösen."

Was lag näher, als nach dem Studium diese Arbeit voll aufzunehmen? Die erste freie Stelle in der Kammer in Linz war die eines Grünland- und Almwirtschaft-Beraters. F. ließ sich nicht lange Zeit zum Überlegen und sagte zu. Immerhin sechzehn Jahre sollte er diesen Job machen, mit viel Freude und Einsatz. „Wir haben etwa beim Luzerne-Anbau eine große Rolle gespielt", erzählt er. Und weil auch „der Herrgott mithelfen" muss, sollte es gerade am Anfang der Großversuche mit der resistenten Grünfutterpflanze einige trockene Jahre geben, die den Viehzüchtern die Vorteile dieses Anbaus drastisch vor Augen führten.

Später entwickelte F. gemeinsam mit einigen jungen Bauern Gräser-Saatgut für Milchwirtschaften, „weil da waren wir von einigen großen ausländischen Konzernen schon recht abhängig geworden". Heute gibt es in Oberösterreich eine Reihe von bäuerlichen Betrieben, die mit der Samenzucht gut verdienen. Quasi nebenbei wurden von einigen Jungbauern neue Erntemaschinen und Reinigungsapparate für die winzig kleinen Gräsersamen entwickelt, und F. sah, „plötzlich kommen Leute auf dich zu, und zwar die richtigen: Die waren bereit Risiko einzugehen, weil ich hätte ihnen den Ernteausfall nicht ersetzen können." Er freute sich, dass man auch in der Landwirtschaft – trotz aller Probleme der Marktöffnung – immer wieder Leute findet, die bei etwas Neuem mitmachen.

Sein Sprung ins kalte Wasser der Internet-Technologie hatte dann seinen ganz konkreten Anstoß in der Berater-Arbeit. „Die Budgets der Landwirtschaftskammern sind knapper geworden", erinnert er sich, „aber die Bauern haben immer spezifischere Anforderungen gehabt, nicht nur wegen der EU." Dann habe er gemerkt, dass ein Großteil der Beratung nur mehr telefonisch stattfinde, kaum Zeit für die Arbeit vor Ort bleibe, oft die Bauern lange auf die Beantwortung ihrer Fragen warten mussten.

F. brachte sich ab 1995 in einigen Wifi-Kursen in Sachen Computer und Internet auf den damals aktuellen Stand und entwarf für die oberösterreichische Kammer ein Konzept, die Beratung zu einem Gutteil ins Netz zu verlagern. Seine Überlegung dabei war folgende: „Wenn einer ein Problem hat, trifft es meist auch andere. Steht die Lösung im Internet, dann kann sie jeder anschauen, und wir arbeiten effizienter." Das Echo fiel schon damals überraschend gut aus, und wie sehr er auf dem richtigen Weg war, erkannte F., als ihm bereits 1997 ein Bauer aus der hintersten Ecke des Eferdinger Bezirks ein von Schädlingen befallenes Blatt zur Begutachtung schickte – eingescannt via E-Mail.

Seit Sommer 1999 legt F. das virtuelle Agrarnetz über ganz Österreich. Alle neun Landeskammern und die Präsidentenkonferenz in Wien haben sich auf einen Standard geeinigt – und F. schmunzelt wieder, wenn er sagt: „Das bringt den Bauern wirklich etwas. Oft haben die Flachgauer mit den Problemen der Oberösterreicher mehr gemeinsam als mit denen anderer Salzburger. Und außerdem stehen jetzt die Kammerexperten als Dienstleister miteinander im Wettbewerb.“

Der scharfe Duft der Zahlen

Erwin Sch., Controller

Nein, Erwin Sch. nimmt den Geruch nicht mehr wahr. Den scharfen, frischen Duft nach Sauberkeit. Der gehört hier in der Floridsdorfer Konzernzentrale zu den Selbstverständlichkeiten, die einfach da sind. Und er umgibt Sch. auch in seinen anderen Büros, in Banská Bystrica und Krakau, in Budapest und Laibach.

Sch. ist ein aufgeweckter 30-jähriger Jungmanager im hellgrauen Business-Anzug. Er hat wache, bewegliche helle Augen, echte Begeisterung beschleunigt ihm die Stimme, wenn er über seine Arbeit spricht. Und er hat noch keine Anzeichen jener déformation professionelle, die sich so oft in den Gesichtern der verantwortlichen Zahlenmenschen einprägt: der brutale, scharfe Zug um den Mund oder die Tränensäcke der späten Stunden und harten Entpannungs-Drinks.

Dabei war seine Karriere rasant – und ungeplant. Vor zehn Jahren heuerte der frischgebackene Favoritner HAK-Absolvent in der Wiener Filiale des dänischen Reinigungs-Multis ISS an, weil er sich schon in der Schule für EDV interessiert und ein paar einschlägige Praktika im Unternehmen absolviert hatte. Osteuropa war für den Schüler noch ein anderer Planet gewesen, als Wahlfremdsprache hat er deshalb damals Französisch genommen und nicht Russisch, das ebenfalls angeboten wurde.

Doch dann ist Sch. in eine wahre Gründerzeit hineingerutscht – und er hat das Beste für sich daraus gemacht. ISS – ein internationaler Riese mit mehr als 150.000 Mitarbeitern – begann eben, von Wien aus die Reformstaaten zu erobern. Und das sprunghafte Wachstum bot jungen Leuten wie Sch. eine einzigartige Chance. Sein Chef, der Finanzdirektor, ließ den 22-Jährigen erst einmal von allen neuen Niederlassungen im Osten die Berichte einfordern, die dann gebündelt an die Zentrale in Kopenhagen gingen. „Da bin ich den Leuten wohl oft auf die Nerven gegangen“, erinnert sich Sch. „Ich habe neue Richtlinien durchsetzen müssen, und bei manchen habe ich dreimal am Tag angerufen.“

Das Berichtesammeln genügte dem Ambitionierten aber nicht lange, und er begann, die Zahlen zu hinterfragen, begann nachzudenken, was denn dahinter stehe. Sein Vorgesetzter unterstützte dieses Lernen „on the job“, und aus dem urspünglich Technik-fixierten Assistenten wurde allmählich ein richtiger Controller. Schon bald half er aktiv am Aufbau der neuen Landesgesellschaften mit, durfte junge Finanzmanager in mehreren Ländern vor Ort einschulen, neue Reporting-Standards miterarbeiten.

Und das Wachstum in der Region war beträchtlich. Innerhalb weniger Jahre stampfte ISS-Österreich einen regionalen Dienstleistungskonzern mit rund 11.000 Mitarbeitern aus dem Boden, mehr als die Hälfte von ihnen bereits in den Reformstaaten. Die Befürchtung, wegen der niedrigen Lohnkosten in den dortigen Unternehmen werde niemand einen westlichen Multi mit so simplen Aufgaben wie Putzen beauftragen, hatte sich nicht bewahrheitet.

Einerseits wollen auch die erfolgreichen osteuropäischen Firmen so schlank wie möglich sein und lagern – wie ihre westlichen Pendants – alles aus, was nicht zum ureigensten Kerngeschäft gehört. Und außerdem bot ISS von Anfang an komplexere Dienste an als bloß das Staubsaugen von Bürospannteppichen. So gehören etwa Spitäler und Kuranstalten in der Slowakei zu den wichtigsten Kunden – und dort wird nicht nur aufgewaschen, sondern auch auf die Hygiene in den OPs geachtet. So reinigt

ISS-Ungarn die Wurstmaschinen des renommierten Salamiproduzenten Pick. Und so konnte die tschechische Konzerntochter einen Großauftrag beim Automobilhersteller Skoda in Mladá Boleslav bekommen, der nicht nur die Reinigung, sondern auch schon teilweise die Wartung der Lackieranlage umfasste.

Sch. hat zwar mit Verkauf und technischer Abwicklung nichts zu tun, „Ich weiß auch nicht, ob ich das könnte." Aber seine minutiös laufende Kontrolle der Finanzgebarung stellt doch einen entscheidenden Beitrag zum Erfolg der neuen Regionalholding dar. Die Gewinne liegen durchwegs über jenen von Westeuropa, die Zuwachsraten sind nach wie vor beträchtlich. Für das laufende Jahr erwartet man 23 Prozent Umsatzsteigerung.

40.000 Kilometer spulte Sch. im Vorjahr in seinem Honda herunter, „und es hat schon Abende gegeben, wo ich auf der Rückfahrt die Fenster heruntergekurbelt habe, und das Radio war auf höchste Lautstärke gestellt." Ganz so schlimm dürfte es jetzt nicht mehr sein, seit einige Landesgesellschaften eigenständiger arbeiten. Aber in den Tagen vor Monatsmitte, wenn die Berichte nach Dänemark abgeschickt werden, sitzt Sch. halt doch wieder hinter dem Steuer in Richtung Budapest oder Laibach. „Es sollte im Dezember keine bösen Überraschungen geben. Ich habe meine Kostentabellen, und wenn irgendwo etwas nach oben ausreißt, muss man das erklären: Ob es einen Schaden gegeben hat, was die besonderen Umstände waren."

Auf Akzeptanzprobleme ist der 30-Jährige nur selten gestoßen, auch seine Mitarbeiter vor Ort sind fast durchwegs motivierte, fleißige junge Leute. „Und wir haben bei der Auswahl sehr genau geschaut", erklärt er. „Oft wollen die Manager in Osteuropa nur delegieren und selbst nichts tun. Bei uns muss jeder mitarbeiten." Einen Finanzmanager hat er auch schon austauschen müssen, und das war durchaus „schmerzhaft", wie sich Sch. erinnert.

Ein wenig wehmütig wird er auch, wenn er darauf zu sprechen kommt, dass er nicht studiert hat. Andererseits sind manche seiner Schulkollegen gerade erst mit dem Studium fertig geworden und suchen nun ihre Nischen auf dem immer enger werdenden Arbeitsmarkt für Jungakadamiker. Und das Funkeln in den Augen kommt gleich wieder zurück, wenn er davon spricht, was alles noch vor ihm liegt: Rumänien, Bulgarien, neue Märkte, neue Zahlen. Und bekannte, frische Düfte.

„Was bleibt von Ihnen übrig?“

Brigitte S., Unternehmensberaterin

Die erste Aufgabe hat es schon in sich. „Schreiben Sie bitte Ihren eigenen Nachruf. Einmal aus der Sicht Ihres Unternehmens, einmal aus der Sicht eines nahen Verwandten. Überlegen Sie, was von Ihnen für die Nachwelt übrig bleibt.“

Es sind nicht Studierende oder angehende Literaten, denen Brigitte S. dieses heikle Thema zumutet. Es sind Top-Manager, Konzern-Vorstände oder erfolgreiche Selbständige, die sich bei der Unternehmensberaterin unters psychologische Messer legen. „Bewusste Lebensgestaltung für Führungskräfte – ein Privatissimum“ heißt die mehrjährige Seminarreihe, die sie gemeinsam mit drei anderen Trainern ausgebrannten oder sinnsuchenden Mächtigen aus der Wirtschaft anbietet.

„Diese Menschen haben vorher unter großem Druck sehr gut funktioniert“, erklärt Frau S. „Und plötzlich ist die Krise da: Der Körper rebelliert, Beziehungen gehen in Brüche, die Kinder flüchten vor ihrer Vernachlässigung in Drogensucht oder Bulimie.“ In der Beratergruppe finden sich dafür auch ein Arzt, ein Organisationsberater und eine Personalentwicklerin, alle mit mehrfacher psychotherapeutischer Ausbildung. Die zweifache Magistra Frau S. selbst sieht sich mit ihrem Doppelstudium der Betriebswirtschaft und der Psychologie als „wirtschaftliches Bindeglied“.

Oft gibt es in diesen Seminaren dramatische Momente, wenn die scheinbar Selbstbestimmten merken, wie sehr auch sie an der Spitze ferngesteuert handeln. In den kleinen Gruppen – meist sind es etwa acht Männer und Frauen – brechen dann Ängste heraus, die sich sonst nirgends manifestieren können.

„Sie haben ein unglaubliches Kommunikationsbedürfnis", erzählt die Consulterin. „Man darf ja nirgends sagen: Ich habe Angst vor dem Versagen, Angst davor, nicht mehr weiter zu kommen, Angst vor Krankheit. Und natürlich gibt es da eine unglaubliche Einsamkeit." Das offizielle Leben der Führungskräfte ist bis zu den Wochenenden hin komplett eingeteilt, sie haben eine Vielzahl von Kontakten, aber eben funktional und oberflächlich, „als Person bleiben sie oft auf der Strecke." Die übliche Strategie ist dann ein routiniert abgespultes Doppelleben – solange es eben geht.

Brigitte S. spricht die Sprache der Manager, sie kennt genau das Umfeld in Großunternehmen, kennt die Erwartungen, die Organisationen stellen, den Druck, der auf den Menschen lastet. Die Wienerin, Jahrgang 1957, ist selbst einige Stufen auf der Karriereleiter eines Multis hinaufgeklettert, bevor sie sich selbständig gemacht hat.

Aufgewachsen ist sie in der Obersteiermark, auf einem großen Hof. Ihre Mutter hatte einen studierten Bauern geheiratet. Brigitte besuchte in Leoben das Gymnasium und später in Wien die Wirtschaftsuni, ohne genau zu wissen wofür: „Irgend etwas Unternehmerisches wollte ich machen."

Am Ende des Studiums ließ sie es sich gutgehen, bis ihr die Mutter bedeutete, es sei wohl an der Zeit für den Berufseinstieg. Auf eine eher locker genommene Bewerbung bei Unilever wurde sie sofort engagiert. Für Kuner betreute sie Großverbraucher, entwickelte Marketingstrategien für Öle, Fette und Margarine und glaubt heute, dass sie deshalb gut war, weil sie sich dafür begeistern konnte und damit auch andere begeisterte: „Ich habe selbst daran geglaubt."

Sie war bereits Abteilungsleiterin, als ein Headhunter sie nach Salzburg zu einem Gewürzunternehmen abwarb. Dort baute sie eine neue Marketing-Gruppe auf, machte sich aber schon nach einem Jahr äußerst erfolgreich selbständig – als Marktforscherin, als Marketing- und PR-Spezialistin im Lebensmittelbereich.

Auch als sie ihrem Mann, einem Unilever-Manager, nach Wien zurückgefolgt war, blieb ihr Arbeitsdruck hoch: „Ich war sehr rigide und diszipliniert." Erst das Wunschkind Nikolas sollte das ändern. „Ob hochschwanger oder gleich nach der Geburt, ich habe voll weitergearbeitet. Aber dann ist das für mich völlig überraschend gekommen, dass ich so ein großes Bedürfnis gehabt habe, bei meinem Kind zu sein." Ökonomisch war der – kurzzeitige – Rückzug ins Private kein Problem.

Als ihr Mann ins Ausland versetzt wurde, erwachte in der jungen Mutter wieder die Unruhe. Sie absolvierte in Rekordzeit an der Uni Bremen ein Psychologiestudium und arbeitete auch schon nebenbei als Beraterin für deutsche Unternehmen. Das Interesse für Margarine wich mehr und mehr dem für Menschen.

So war der Schwenk hin zur Organisations- und Lebensberatung eigentlich ganz logisch. Nach der Rückkehr aus Deutschland suchte Frau S. Kolleginnen und Kollegen aus benachbarten Bereichen und bildete eine Arbeitsgemeinschaft. Das Reihenhaus in Gießhübl wurde für ein Büro aufgestockt, und darauf thront nun eine moderne Stahlkonstruktion, von der man an schönen Tagen über ganz Wien sieht.

Die teuren Seminare, die von den Firmen oder von den Managern selbst bezahlt werden, finden in naturnahen Hotels statt, das Einzel-Coaching in ihrem eigenen Büro. Aber die durchtrainierte Psychologin kann ihre Klienten schon einmal auch auf Laufschuhen quer durch die Weinberge schleppen. Denn Körperbewusstsein und Ernährung zählen eben auch zur bewussteren Lebensgestaltung der ausgebrannten Manager.

„Wir können und wollen ihnen ja kein neues Leben vorschreiben. Das würde nicht funktionieren." Es gehe vielmehr darum, ihnen zu eigenen Erkenntnissen zu verhelfen, „auf den Weg machen müssen sie sich selbst. Aber meist sind sie ohnehin hoch movitiert."

Jetzt will sie diese Motivation noch weiter unterstützen. Zwar hatte ihr Vater vor seinem Tod noch den Hof verkauft, Frau S. hat aber die Alm mit der Forstwirtschaft geerbt und führt sie nebenbei weiter. Auf der „Huabn", also der Almhütte, hoch über dem obersteirischen Murtal, werden die ausgepowerten Städter bald frei durchatmen können.

Angriff der großen Ketten

Ferdinand K., Optikermeister

Der feingliedrige elegante Herr mit den randlosen Brillen hat schon bessere Tage gesehen. Zwar geben einander die Kunden im Optikgeschäft von Ferdinand K. beinahe die Klinke in die Hand, aber es ist fast ausschließlich Kleinzeug, das an diesem Nachmittag über den Ladentisch geht: Mehrere Damen kaufen Reinigungsmittel für Kontaktlinsen, ein Herr lässt einen Brillenbügel nachbiegen, andere erkundigen sich überhaupt nur, welche Sonnenbrille der Junior fürs Hochgebirge brauchen würde.

„Früher einmal waren wir am Abend deprimiert, wenn von zehn Kunden zwei nichts gekauft haben", klagt der Optikermeister. „Heute ist das ‚just looking' schon eher die Regel. Manche wollen überhaupt nicht mehr angesprochen werden, drehen eine Runde und gehen wortlos wieder aus dem Geschäft."

Herr K., Jahrgang 1942, lächelt, wenn er gefragt wird, ob er aus Berufung oder aus praktischen Erwägungen Optiker geworden ist. „Es ist einem schon als kleines Kind mitgegeben", erzählt er. Sein Vater hatte hier am Wiener Graben gleich neben dem Stock im Eisen-Platz im Jahr 1946 ein Geschäft eröffnet. „Und außerdem hat es ein goldenes Zeitalter gegeben. Dann kam das silberne und jetzt halten wir im blechernen."

Als Jammerer will er nicht dastehen wie so manche andere wohlhabende Kaufleute, aber Sorgen macht sich Herr K. schon über die nächsten Jahre. Denn das Optiker-Sterben in Österreich ist nicht zu übersehen, bekannte Namen wie Schleiffelder – ebenfalls am Graben – oder Fabrini sind verschwunden, die Kette Melitta Kleemann besteht nur mehr zur Hälfte. „Hier in der City ist die Lage selbst ein bisserl eine Lebensversicherung", spricht er sich Mut zu. Aber bei seinem zweiten Geschäft im vierten Bezirk könnte es schneller eng werden: „Wir sind alle stark gefährdet", sagt er über seine Branche.

Zwar hat Herr K. in seinen zwei Geschäften mit fünf Angestellten noch keine roten Zahlen geschrieben, aber 1999 war ein ganz schlechtes Jahr. Und langfristig gesehen gehen die Umsätze stetig zurück. Produktgruppe für Produktgruppe ist den Optikern von anderen Handelssparten abgezwackt worden. Einst hat man Zieloptiken für Jagdwaffen verkauft – sie sind längst bei den Waffenhändlern. Barometer, Thermometer und Wetterstationen kriegt man mittlerweile bei Eduscho. Sonnenbrillen bietet die Konkurrenz in Sportgeschäften, bei Textilern und in Drogerien an. Und Feldstecher oder Operngläser sind als Produkte so gut wie tot.

Wirklich Angst haben die Optiker aber vor dem Angriff der großen Ketten auf ihr Kerngeschäft, die Brillen. „Angefangen hat die ‚Quelle'" erinnert sich Herr K. Und dann seien die anderen gefolgt, die Herlangos, Niedermeyers und Hartlauers. Besonders über letzteren kann der Meister seine Empörung trotz aller Innenstadt-Bürgerlichkeit nur schwer zurückhalten.

„Billigangebote gibt es bei allen, aber der Hartlauer hat mit seiner aggressiven Werbung wirklich eine Grenze überschritten", insistiert er. „Er hat damit Leute an den Pranger gestellt." Herr K. meint jene Spots, in denen der mittlerweile verstorbene Foketten-Chef Franz-Josef Hartlauer selbst einzelne Brillen mit konkreten Preisvergleichen in die Kamera hielt: „Bei Hartlauer nur zweiiiitausend Schilling."

Es sei unfair, moniert der Optiker, wie ein Supermarkt bei Lockpreisen einzelne Modelle herauszupicken, die die Fotokette aufgrund ihrer Marktmacht natürlich billiger einkaufen könne. Der Fachoptiker müsse das ganze Sortiment bereithalten, immerhin einige hundert Modelle. Außerdem sei – vor allem bei schwierigen Gleitsichtgläsern – bei den teureren Brillen des Fachhandels „die gute Zone im Glas breiter". Und im Übrigen hätten die Ketten manchmal Vorjahres-Modelle von bekannten Designer-Marken aus Osteuropa reimportiert, da lasse sich leicht ein günstiger Preis vorlegen.

„Zuerst sind die Fotohändler verschwunden, dann die Elektrofachgeschäfte, wir könnten als nächste dran sein", fürchtet K. Gerade dränge der deutsche Brillen-Riese Fielmann, der vom Privatfernsehen her einen beachtlichen Bekanntheitsgrad hat, auf den österreichischen Markt. „Was denen noch alles einfällt, wissen wir nicht." Außerdem sei auch kaum abzusehen, welche Gefahren dem etablierten Handel aus dem Internet drohen. Noch seien die Umsätze von optischen Produkten im Web recht niedrig, aber das könne sich schnell ändern.

Ferdinand K. hat schon vor Jahren begonnen, auch Kontaktlinsen zu verkaufen. Aber die Linsen machen bis heute bloß etwa ein Fünftel des Umsatzes aus. Brillen und Gläser bleiben das wichtigste Geschäft.

In der City kann der Optiker ganz auf Mode und Chic setzen. Hier zahlt praktisch jeder auf das Kassen-Limit für seine Cartier-, Versace- oder Armani-Fassung auf. „Und diese Kunden wissen oft besser als ich, was die letzten Kollektionen sind. Die kann man auch nicht mit einem Vorjahresmodell locken." Im vierten Bezirk sind die Geldbörsen schmäler. Dort bestellen viele Kunden die billigste Variante mit dem Selbstbehalt von 287 Schilling. Und diese ist natürlich für einen Optik-Supermarkt leicht zu haben.

Die einzige Antwort auf diese Bedrohung ist – wie auch in anderen Branchen – die Beschänkung auf die Kernkompetenz. „Handelsware nehme ich halt noch ein bisserl herein, aber am wichtigsten ist die persönliche Beratung", so Herr K. Mit gewissen Methoden von Augenärzten und Optikern, die den Kunden die Herausgabe ihrer Daten verweigern, um sie so an sich zu binden, will er freilich nichts zu tun haben: „Das ist doch unfair. Wenn jemand etwa ins Ausland fährt, und er müsste dort alle Tests wieder neu machen!“

Das Lauern der Gentlemen

Fabian S., Aktienhändler

Hier herrscht gespannte Ruhe. Ein elektronisches Zutrittssystem hält unangemeldeten Besuch draußen. Selbst die strahlende Wintersonne darf durch die heruntergelassenen Jalousien nur sehr dämmrig hereinblinzeln. Nichts und niemand soll die fünfzig jungen Frauen und Männer von ihren Computerschirmen ablenken, auf die sie gebannt ihre Blicke heften.

Fabian S. bewacht drei Bildschirme in einer Ecke des niedrigen, weitläufigen Handelsraumes im vierten Stock der Wiener Raiffeisen Zentralbank RZB. Bewachen ist vielleicht nicht ganz der richtige Ausdruck, eher hat seine gespannte Langeweile etwas mit Lauern zu tun.

„Heute ist ein ruhiger Tag", erklärt S., mit seinen 23 Jahren einer der jüngsten Aktienhändler der Bank. Und auch von den anderen Bildschirmzeilen dringen nur gelegentlich sehr gedämpfte Rufe nach „Olivetti, Olivetti" herüber. Ein Kollege hat gerade am Telefon etwas verkauft und bedankt sich locker bei seinem Kunden: „O.K., thanks and bye."

S., groß, sportlich-trainiert in einem modischen hellgrauen Anzug, arbeitet in einer Gruppe, die für die Bank die sogenannte Market-Maker-Funktion erfüllt. Das heißt, einige Wiener Großbanken haben sich innerhalb des neuen elektronischen Handelssystems dazu verpflichtet, für bestimmte Aktien regelmäßig Kauf- und Verkaufskurse zu stellen. Einen Handelssaal in der Börse, bei dem physisch anwesende Händler durch Zuruf Käufe und Verkäufe tätigen, gibt es ja nicht mehr.

Im Portfolio des Jung-Händlers S. finden sich einige – zumindest für österreichische Verhältnisse – ordentliche Brocken:

AUA und Libro, Flughafen Wien und Bau Holding, dazu aus dem eigenen Konzernbereich Agrana und Uniqa sowie die Industriewerte Semperit (Gummiwaren, nicht Reifen) und Palfinger, der Salzburger Kranbauer. Ausgerechnet bei Letzterem tut sich etwas an diesem sonst müden Tag: „Schauen Sie, da kauft einer 15.000 Stück! Das ist ungewöhnlich. Vielleicht will sich jemand eine Beteiligung zusammenkaufen."

S. „verliert" – so nennt er den Verkauf in seinem Börse-Jargon – gleich auch ein paar hundert Palfinger-Aktien. Seine Aufgabe ist ja auch nicht bloß, im Namen der Bank Kurse zu erstellen, er soll am Handel verdienen. Also deckt er sich mit einer gewissen Anzahl von Aktien, für die er verantwortlich ist, ein, um sie dann zu höheren Kursen wieder anzubieten.

S. handelt völlig anonym, im virtuellen Raum. Er kennt keinen Kunden, nicht einmal große institutionelle Anleger, so wie seine Kollegen vom Sales-Department. „Ich warte aber nicht nur, was die anderen tun, ich versuche auch selbst, aktiv zu werden." Also überlegt er, welche Aktie sich heute wohin entwickeln könnte, testet einmal mit einem kleinen Angebot den Markt ab, läuft da einem Trend nach und hofft dort, gegenläufig klüger zu sein als der Markt.

S. ist heute kurz nach halb acht in den Handelsraum gekommen, mehr als eine Stunde vor Börsebeginn. Er hat sich zuerst einmal am Reuters-Schirm die großen internationalen Börsen angeschaut – New York, Tokio. Dann hat er die Wirtschaftsmeldungen nach Hinweisen auf seine Aktien oder deren spezifische Branchen durchsucht, also entweder die Austrian Airlines selbst oder die Lufthansa, deren Kooperationspartner. Schließlich hat er noch die Wirtschaftsteile von vier heimischen und zwei ausländischen Zeitungen gelesen.

„Man muss sich ein Gesamtbild machen", erklärt S., „nicht nur über die Aktien selbst, sondern auch darüber, was sich politisch getan hat. Was immer einen Einfluss auf unsere Aktien haben kann."

Zum Lesen der Wirtschaftsteile der Zeitungen hatte sich Fabian vor wenigen Jahren noch zwingen müssen: „Ich wollte Wirtschaft studieren, und da habe ich gedacht, das gehört dazu. Dann hat es mich recht schnell interessiert." Schon in der Oberstufe des Gymnasiums war der Salzburger zum „Aktienfreak" geworden. Sein Vater, ein Architekt, überließ ihm dann auch kleinere Beträge zum Investieren, und er tat dies klug: „Verdoppelt habe ich es gerade nicht, aber vermehrt."

Dass er so früh zu arbeiten anfangen würde, hat er eigentlich nicht erwartet. Er studierte Internationale Betriebswirtschaft an der Universität Wien, wohnte mit zwei Kollegen in einer WG und absolvierte täglich sein eineinhalbstündiges Squash-Training. „Zur Weltspitze habe ich es nicht mehr schaffen können, aber hier in Österreich bin ich noch unter den ersten sechs."

Eines Tages erzählte ihm ein Studienkollege, dass die RZB einen Aktienhändler suche, er solle sich doch bewerben. „So richtig habe ich nicht gedacht, dass ich das schaffen werde", erzählt S. heute. „Aber ich habe mir gesagt, schau dir einmal an, wie das funktioniert mit einer Bewerbung, und nach dem vierten Gespräch habe ich den Job gehabt. Genau in dem Bereich, der mich am meisten interessiert."

S. glaubt rückschauend, dass ihm vielleicht gerade diese Lockerheit geholfen hat, „weil ich nicht verkrampft unbedingt die Stelle haben musste." Überrascht wurde er gleich mehrmals bei seinem Eintritt ins Berufsleben. Erst einmal fragte ihn niemand um ein schwarzes Parteibuch. Dann stieß ihn sein Chef, der Abteilungsleiter, gleich ins kalte Wasser und ließ ihn wirkliche Aktien handeln – freilich mit engen Limits. „Du machst das schon", hat er ihm gesagt, und aus der anfänglichen Furcht wurde schnell „ein unheimlicher Auftrieb, weil es gut gegangen ist".

S. ist jetzt an seinem Arbeitsplatz glücklich und hat es „noch keine Sekunde bedauert“, dass das Studium nur mehr auf Sparflamme nebenher läuft. Er kann auch jetzt sehr selbständig arbeiten, nur äußerst selten bekommt er von seinem Chef einen Ratschlag, den er nicht ablehnen sollte. „Dieser sagt etwa ganz ruhig: Willst du nicht diese Position abbauen?“

Überhaupt gehe es äußerst Gentleman-like her in seinem Job: „Selbst wenn es ganz hektisch ist, wird einen niemand anschnauzen, wenn man eine Frage stellt“. Dabei kann man sein Hemd schon auch gelegentlich verschwitzen, und der eine oder die andere springt auf und flucht, wenn ein Deal danebengegangen ist. „Aber das ist halt der Handelsraum“, kommt S. fast ins Schwärmen. „Wie im richtigen Leben.“

Dem Bild vom gierigen Jungkapitalisten à la Wall Street entspricht er nur bedingt. Die Riesenboni, die in New York immer wieder bezahlt werden, gibt es hierzulande nicht. „Wir bekommen einen Bonus, der hängt aber vom Erfolg der ganzen Bank ab“, erzählt S. Und das spiele sich hierzulande in viel geringeren Größenordnungen ab.

Insgesamt hat sich sein Lebensstil durch die 20.000.- netto noch nicht gravierend geändert. Jeden Abend trainiert er weiter Squash, wohnt noch immer in der WG, geht mit seiner Freundin aus. Bloß einen Renault Mégane hat er sich geleistet und schon ausbezahlt. „Und einkaufen tu ich jetzt öfter beim Meinl ums Eck statt beim Hofer.“

„Ich hab halt nichts gelernt“

Andrea F., Langzeitarbeitslose

Wenn es einmal nicht läuft, dann aber schon gar nicht. „Ich habe wirklich arbeiten wollen, aber immer war irgend was, dass sie mich nicht genommen haben.“ Andrea F. aus Wien-Favoriten trägt die Enttäuschungen in ihrem Gesicht; mit ihren vierzig Jahren hat sie schon allzu oft hören müssen, dass man sie nicht braucht, nicht will, nicht liebt.

Es gab eine Serie von kurzlebigen Gelegenheitsjobs: Den als Packerin in einer Chemiefabrik hat sie bald gelassen, „weil ich mich nicht gut gefühlt habe mit dem Geruch.“ Dann rührte sie Aufstriche für das Buffet einer Supermarktkette. In einem Gasthaus am Laaerberg stand sie hinter der Schank, aber die Sommersaison ging schnell zu Ende.

Zuletzt war Frau F. schon abgestempelt: langzeitarbeitlos, mehr als fünf Jahre, „und ich habe mich tausendmal beworben. Oft ist die Stelle schon besetzt, wo einen das Arbeitsamt hinschickt. Oft lügen sie auch, weil sie einen nicht wollen.“

Das mit dem Nicht-wollen hat für Andrea F. früh begonnen. Schon ihre Mutter hat sie und ihren jüngeren Bruder zur Oma abgeschoben. Dort, im Kärntner Lesachtal, ist sie in die Volksschule gegangen, aber der alten Frau wurde es bald zu viel. Das Mädchen kam nach Wien-Rodaun in ein teures kirchliches Internat, bezahlt vom Sozialamt. „Da war eine Erzieherin, die hat mich so geschlagen, dass ich mit dem Kopf gegen den Türstock geflogen bin und ganz geschwollen war“, erinnert sie sich an den grausamen Einstand. Nach ein paar Monaten hätten sich dann die Eltern anderer Mädchen beschwert, und die Lage sei besser geworden. „Gelernt habe ich mittelmäßig.“

Mit Kindern wollte sie arbeiten oder als Fürsorgerin vielleicht. Also schrieb sie sich in einer Wiener Schule für Sozialberufe ein. Vormittags wurde gelernt, am Nachmittag hieß es praktisch arbeiten als Kindermädchen in einer Familie. „Die Schule habe ich dann geschmissen, weil mir der Vater dort immer auf den Busen greifen wollte, und er war Rechtsanwalt. Mir hätte eh niemand geglaubt."

Andrea F. zog nach Baden zu ihren Eltern, „wo hätte ich auch sonst hinsollen?" Die Probleme hörten damit freilich nicht auf: Zwischen der Mutter und ihr gab es eine gegenseitige Abneigung, der Vater war Trinker und gewalttätig. Drei Jahre lebte sie zu Hause, zog immer wieder aus, um bald wieder zurückzukehren. Zwar hatte sie erstmals einen Job für mehrere Jahre – als Schankgehilfin in einem bürgerlichen Gasthof. „Aber die Kellnerin hat beim Trinkgeld nicht geteilt, und mit meinem kleinen Lohn ist sich das nur ausgegangen, wenn ich fürs Wohnen nichts habe zahlen müssen."

Dann wurde sie mit ihrer Tochter schwanger und es sah erst einmal nach eigener Familie aus. Aber der Kindsvater hat sie bald sitzen lassen – über die Monate davor lässt sie die Details aus, es muss brutal genug gewesen sein. Jetzt saß sie mit einem Baby in einer dunklen Mini-Wohnung in Wien-Margareten – mit Kaltwasser und Klo auf dem Gang. „So schlecht ist es mir vorher und nachher nie gegangen, ich habe Herzrasen gehabt, dass ich glaub, ich stirb. Vom Hausarzt hab ich halt Beruhigungsmittel gekriegt."

Die zweite Schwangerschaft mit einem anderen Vater führte ebenfalls nicht zum erhofften Glück. 1983 wurde ihr Sohn geboren, und sie stand alleine mit zwei kleinen Kindern da. Sie lebte von Notstandshilfe und Kinderbeihilfe, die Alimente mussten oft genug eingeklagt werden.

Eine Gemeindewohnung in Favoriten und ein Hortplatz für

die beiden Kinder halfen zumindest ein wenig. Am Arbeitsmarkt aber war außer Kurzzeitjobs nichts drinnen. „Ich hab halt nichts gelernt. Und das habe ich meinen Kindern immer wieder gesagt: Lernts was, damit es euch nicht so geht wie mir."

Die Tochter ist technische Zeichnerin geworden und besucht derzeit fleißig eine Abend-HTL, die sie in einigen Jahren zur Ingenieurin machen wird. Der Sohn hat gerade eine Lehre als Installateur begonnen.

Und auch Frau F. selbst hat noch einmal eine Chance bekommen. „Ich habe immer wieder beim Arbeitsamt gesagt, ich gehe in jeden Kurs. Denen war ich zu alt." Vor einem Jahr aber gab ihr dann eine neue Referentin eine Adresse.

Am Stubenring in der Wiener City betreibt der Verein „Pro Mente Infirmis" das Café-Restaurant „Max". Dort erhalten zwölf Menschen mit psychischen Krankheiten und drei Frauen ohne Ausbildung die Möglichkeit, ein Jahr lang Koch oder Kellner zu lernen. Es steht zwar kein offizieller Lehrabschluss am Ende des Kurses, aber etwa die Hälfte der Teilnehmer lassen sich danach auf Arbeitsplätze in der freien Wirtschaft vermitteln. Finanziert wird das Projekt vom Arbeitsmarktservice und von privaten Spenden.

Angst hat Frau F. nur ganz am Anfang gehabt. Beginnen musste sie mit Tellerwaschen, dann kam der Salatplatz dran, anschließend das Crèpe-Backen draußen im Gastraum, und schließlich brachte ihr der Küchenchef sämtliche Gerichte der Karte bei. „Es ist immer schön eines nach dem anderen gekommen, man hat es auf dem Plan gesehen, und auch die Gäste waren sehr nett."

Seit zwei Monaten kocht Andrea F. in einem Café-Restaurant in der Josefstadt. „Vor dem ersten Tag in einer neuen Arbeit kann man nie schlafen, aber jetzt habe ich schon bei vielen Speisen Routine. Ein paar schwierige gibt es noch." Die Probezeit hat sie überstanden, und nach Ende der Einschulung soll sie alleine die Abendschicht übernehmen.

„Der Chef hat auch gesagt, dass er mir dann ein bisserl mehr zahlt." Noch braucht sie sieben Monate, bis sie schuldenfrei ist, und dann möchte sie mit einer Freundin nach Irland auf Urlaub fahren. „Es ist mein erster."

Der Fluch der Politik

Christian S., Umweltconsulter

Keine 24 Stunden hat es gedauert, und die Sanktionen waren auch im Betrieb spürbar. Am Montag, dem 31. Jänner, am späten Nachmittag lief die Meldung über die Nachrichtenagenturen, dass 14 EU-Länder Österreich im zwischenstaatlichen Verkehr diplomatisch isolieren wollen. Am Dienstagnachmittag wusste Christian S., Geschäftsführer der Wiener Consultingfirma 17 & 4, dass ein monatelang verhandelter Auftrag mit dem belgischen Umweltministerium ab sofort storniert ist. Umfang: zwei Millionen Schilling.

„Das wäre ein europäisches Forschungsprojekt gewesen: Umweltmanagement für kleine Unternehmen", klagt S. „Unsere Freunde in Belgien waren auch irritiert, dass das so schnell gegangen ist. Da kann man sich ausmalen, was noch auf uns zukommen kann in Ländern, wo die Bürokratien langsamer arbeiten."

Das Beratungsunternehmen 17 & 4 ist vor wenigen Jahren aus einer Umweltberatungsfirma hervorgegangen. Neun Eigentümer hat die GmbH, davon sind vier bloß stille Gesellschafter, fünf arbeiten aktiv im Unternehmen: S., 41, ist gelernter Techniker und Sozialarbeiter, daneben gibt es einen Biologen, eine Wirtschaftsingenieurin und Chemikerin, eine weitere Chemikerin und einen Agrarökonomen. Zwischen sechs und acht Millionen Schilling setzt das Consultingunternehmen im Jahr um, da macht der kurzzeitige Ausfall eines Zweimillionenauftrags schon etwas aus.

„Das war nicht die einzige schlechte Nachricht an diesem Dienstag", erzählt S. in seinem 250 Quadratmeter-Büro in der

Wiener Mariahilfer Straße. Der Geschäftsführer trägt einen korrekt gestutzten Bart und ein amerikanisches Polohemd, die Büroräume strahlen mit ihren Grünpflanzen und bunten Billigmöbeln mehr wissenschaftlich-alternativen Charme aus als die polierte Kühle anderer Consulting-Unternehmen.

„Am selben Tag ist uns ein wichtiger Kooperationspartner abgesprungen, ebenfalls in Belgien." Es war ein freies Institut in Namur, mit dem 17 & 4 über mehrere Jahre hinweg ein europäisches Forschungsprojekt zur Ausbildung von Umweltmanagern durchführen wollte. „Die haben uns gesagt, ihr müsst das verstehen, aber unser wichtigster Kunde ist die Regionalregierung, und da haben Politiker interveniert, wir dürfen mit Österreichern nichts machen." Noch ist das Sechs-Millionen-Schilling-Projekt nicht ganz gestorben, aber es wird sehr schwer sein, einen andern Partner zu finden, der ähnlich gute Referenzen vorweisen kann wie die Belgier.

„Unsere Arbeit spielt sich seit zehn Jahren in länderübergreifenden Netzwerken ab", erklärt S. „Wir kennen viele der Partner, bei manchen war ich schon privat zu Hause." Wichtig seien Vertrauen, Verlässlichkeit, Berechenbarkeit. „Jetzt wird aus einem drei-Minuten-Telefonat immer eine Viertelstunde, und dabei geht es nicht um Inhalte, sondern nur um die Erklärung, was bei uns in Österreich politisch los ist."

Von einem weiteren Projekt, bei dem 17 & 4 nur einen kleineren Teil – quasi als Zulieferer eines anderen Wiener Unternehmens – leisten sollte, hat man seit zwei Wochen nichts gehört. Dabei soll die Bewertung von innerstädtischem Grünraum in mehreren europäischen Städten erarbeitet werden, darunter in Wien, Barcelona, Jerusalem und Athen. „Jetzt ist aus Jerusalem Funkstille. Das kann eine bloße Nachdenkpause sein oder schon das Ende bedeuten."

S. ist bitter: „50 Prozent unsere Aufträge und Forschungsprojekte wickeln wir international ab, den größeren Teil zwischen Ost- und Westeuropa. Davon sehe ich jetzt vieles direkt gefährdet." Die Osteuropäer beginnen laut S. bereits kurzfristig, den Partner aus Österreich neu zu bewerten. Er fürchtet, dass sie sich gleich jemanden weiter westlich suchen, in Frankreich oder Belgien, wenn es mit Wienern in der EU Schwierigkeiten geben könnte.

„Wir stehen voll im Wettbewerb", erzählt S., „auch wenn etwa 70 Prozent unserer Aufträge europaweit von Kommunen, Regionen oder Ministerien kommen. Es gibt viele Anbieter, und oft kriegt man einen Auftrag, dann wieder nicht." Verärgert ist er vor allem darüber, dass er hier gänzlich ohne eigene Schuld zum Handkuss kommt. „Was sollen wir tun? Sollen wir unseren Partnern ein E-Mail schicken: ‚Wir haben ihn nicht gewählt'? Das wäre ja auch patschert. Wir haben auch keine Ahnung, an wen wir Schadensersatzansprüche richten können."

S. glaubt, dass andere österreichische Institute, die in internationalen Forschungsnetzwerken eingebunden sind, auf ähnliche Probleme stoßen: „Den Seibersdorfern, den Kollegen vom IHS und in vielen Unis muss es eigentlich gleich gehen."

Vorerst ducken sich die Consulter einmal weg vor der internationalen Ächtung. Als Konsortialführer in einem internationalen Forschungsprojekt treten sie jetzt für eine Zeitlang nicht in den Vordergrund, sondern bitten Partnerinstitute aus anderen Ländern, diese Aufgabe zu übernehmen. 17 & 4 hofft, auf diese Weise an Aufträgen zumindest mitnaschen zu können.

Sollte aber die Situation länger so bleiben, dann werde es existentiell gefährlich. S.: „Wir reden da nicht bloß von zehn Prozent Umsatzentgang, die man wegstecken kann. Das geht schon ans Eingemachte." Der inländische Markt allein könne Ausfälle in Europa nicht wettmachen. Bevor das Unternehmen, das positiv bilanziert, eine Insolvenz riskiere, würde man den Firmensitz ins Ausland verlegen. „Luxemburg wäre etwa eine Möglichkeit. Unsere Arbeit findet derzeit schon in verschiedenen Ländern und auch oft via Internet statt. Da spielt der Hauptsitz nicht so eine große Rolle.“ Konkret plane man die Übersiedlung noch nicht, sagt S. Aber eine derartige Entscheidung könne früher notwendig sein, als man glaubt.

Die komplexen Steirer

Alois G., Weinbauer

Ruhig sitzt der mächtige Mann da, wählt seine Worte sorgfältig, zeichnet gelegentlich mit den riesigen, perfekt manikürten Händen Figuren in die Luft. Randlose Nickelbrille und dunkelgraues Yves Saint Laurent-Polo deuten auf einen städtischen Intellektuellen hin, der hier im südsteirischen Hügelland Urlaub macht.

Ganz selten schlägt dann doch der örtliche Dialekt im sonoren Hochdeutsch durch, aber wie ein rustikaler Weinbauer wirkt Alois G., 40, dennoch nicht. „Wir haben ein sehr hohes Niveau erreicht", sinniert der sanfte Riese mit dem silbergrauen Bubikopf, „aber wir haben noch ein großes Potential. Unsere Weine können noch komplexer werden."

Vor fünfzehn Jahren sah man hier im Buschenschank in Gamlitz noch keinen Weinintellektuellen, sondern einen etwas fülligen jungen Mann, der eifrig Teller mit Geselchtem servierte, daneben aber schon ebenso eifrig davon sprach, was er alles von dem auf der Weinfachschule Gelernten im eigenen Gut verwirklichen wolle. „Ich muss meinem Vater wirklich dankbar sein", erzählt er heute, „dass er mir schon so früh Verantwortung übertragen hat."

Gleich die ersten Jahrgänge, die der junge Alois betreuen durfte, nämlich jene von 1985 und 1986, hat er dann „ohne Kompromisse" gemacht – staubtrocken, klar, sauber und fruchtig. Das muss sowohl seinem Vater als auch dessen Stammpublikum im kleinen Buschenschank hart angekommen sein, „halbtrocken" galt damals in der Region noch eher als Regel denn als Ausnahme.

Aber Alois G. war damals nicht allein. Es gab eine Gruppe junger gut ausgebildeter Weinbauern der Jahrgänge '55 bis '60 –

praktisch alle hatten die steirische Weinbauschule Silberberg absolviert –, die mehr oder weniger radikal mit den Traditionen des örtlichen Weinbaus brachen, innerhalb kurzer Zeit ihre Betriebe Schritt für Schritt modernisierten, sich an internationalen Größen ein Beispiel nahmen und beschlossen, über die engen Grenzen der Steiermark hinauszuwachsen.

Dabei gab es in der Region nur einige wenige, die auch schon früher saubere, trockene Weine herstellten: der Doyen der Gegend, der Sattler senior in Gamlitz, etwa oder der Klöcher Simmerl. Im Ausland orientierten sich die jungen Steirer vor allem an Friaul, dann an Frankreich. Man reiste, oft gemeinsam, und man experimentierte im Keller. Der Weinskandal Mitte der achtziger Jahre gab ihnen dann über Nacht die Chance, sich in der heimischen Spitzengastronomie zu bewähren. Die burgenländischen und auch so manche niederösterreichischen Konkurrenten waren plötzlich – zu Recht oder zu Unrecht – aus dem Markt gefallen. Dann taten steigender Wohlstand und zunehmendes Weinbewusstsein das ihre – im Nachhinein scheint der Erfolg programmiert gewesen zu sein.

Alois G. schätzt heute die Zahl der international bekannten südsteirischen Winzer auf zwei Handvoll, „aber 50 weitere haben das Potential, jederzeit einen Siegerwein zu machen. Vielleicht nicht jedes Jahr, aber immer wieder."

Ökonomisch hat sich die Anstrengung mittlerweile auch ausgezahlt. Kaum einer der simpleren Weine wird ab Hof um weniger als 70 Schilling abgegeben, nach oben ist die Skala beinahe offen. Der teuerste trockene Wein von G. kostet ab Hof 250 Schilling, im Steirereck in Wien geht es bis knapp an die 700 Schilling-Grenze hinauf.

Aber es waren nicht die Ausreißer-Preise, die die Bauern stolz werden ließen. „Wenn sich etwa der Angelo Gaja aus dem Piemont Proben schicken lässt und es nicht mehr nur umgekehrt ist, dann heißt das schon was", schwärmt G. Und es mag im Geschäftsleben auch schwierigere Probleme geben, als bei der Verteilung knapper Bestände aufzupassen, dass man nicht diesen Weinhändler oder jenes Spitzenrestaurant vergrämt, weil sie nur einen Bruchteil der gewünschten Menge bekommen können.

Die gute Nachfrage – viele der besseren Weinbauern sind Mitte des Jahres zumindest mit ihren Lagenweinen ausverkauft – ließ auch die Betriebsgrößen schnell anwachsen. Mit zwei Hektar Eigenfläche hat G. den Betrieb vor fünfzehn Jahren übernommen, heute hält er bei zwanzig Hektar Weingarten – und vinifiziert unter seinem Namen die Trauben von weiteren zwanzig Hektar in der unmittelbaren Umgebung. Den Steirern ist es nämlich gelungen – analog zu anderen Branchen wie etwa der Automobilproduktion – ein Netzwerk von Partnerbeziehungen aufzubauen. So gibt es in der Steiermark praktisch keinen anonymen Traubenmarkt, vielmehr liefern den größeren, renommierten Produzenten jeweils ein, zwei Dutzend kleinerer Weinbauern ihr Traubenmaterial zu – freilich nach den Vorstellungen und Qualitätsmaßstäben der Leitbetriebe. Es mag für manche mühsam gewesen sein, aber es hat sich auch für sie bezahlt gemacht. So liegt heuer der Traubenpreis im Burgenland etwa bei vier Schilling, in der Steiermark ist unter zehn Schilling nichts zu holen, und für gute Sauvignon-Qualitäten sind auch 18 Schilling drin.

Die Ausweitung der Flächen hat jetzt die größeren Bauern auch zu Bauherren werden lassen. G. überwacht in diesem Sommer die Phase zwei seines neuen Weingutes, hoch oben am Gamlitzer Nußberg. Insgesamt werden am Ende rund 25 Millionen Schilling investiert sein in Keller, Pressen und Labor. „Aber da ist auch ein kleiner Teil Privathaus drin", schränkt G. schnell ein.

Das ganze Anwesen wurde stufenförmig in den steilen Hang

hineinbetoniert, damit die Trauben schonend ohne Pumpen verarbeitet werden können, allein von der Schwerkraft weiterbewegt. Im Zentrum soll dann auch ein großzügiger Degustationsraum entstehen. Den Buschenschank will G. stilllegen, er macht zu viel Arbeit neben dem vergrößerten Weingut, „aber vielleicht wird eines von den Kindern das weitermachen." Die stünden eigentlich schon bereit, vollgestopft mit Fachwissen aus Weinbau und Betriebswirtschaft.

Grüße von Gorbatschow

Elisabeth P., Schmuckhändlerin

Auf der Kärntner Straße kann sie kaum einen Block gehen, ohne mit jemandem ein paar Worte wechseln zu müssen. Aber dass Michael Gorbatschow ihr durch einen Moskauer Stammkunden Grüße bestellen hat lassen, das hat Elisabeth P. doch einigermaßen überrascht. Vorgestellt wurde sie ihm 1997, als er zu einem Vortrag in Österreich war. Brav hatte sich die Wiener Geschäftsführerin des deutschen Schmuck- und Uhrenhauses Wempe in einem Salon des Hotels Imperial hinter prominenteren Bürgern angestellt, um den einst zweitmächtigsten Mann der Welt von Angesicht zu Angesicht zu sehen. Da lief plötzlich dessen Frau Raissa auf die Geschäftsfrau zu, ihren Mann im Schlepptau, und strahlte sie an: „Elisabeth!"

Nicht dass Frau Gorbatschowa an Juwelen oder noblen Uhren interessiert gewesen war. Sie hatte bei diesem Wien-Besuch auf Hofburg und Mayerling verzichtet und wollte stattdessen in einem Klub mit Wirtschaftsfrauen diskutieren. Dabei hatte sich – im Kreis von Anwältinnen, Bankerinnen und Steuerberaterinnen – zwischen der Russin und Frau P. eine heftige Diskussion entwickelt. „Sie sind ja eine Feministin", hatte Raissa der Wienerin vorgeworfen, bloß weil diese Männer von ihrer „Arge Wirtschaftsfrauen" auch weiterhin ausgeschlossen haben wollte. „Ich bin gut verheiratet und liebe die Männer", hatte sie geantwortet, „aber seit Jahrhunderten haben die Männer ihre Seilschaften, jetzt brauchen wir auch unser eigenes Netzwerk. Ohne soziale Verbrämung."

Dabei hat Elisabeth P. viele Jahre lang eher als Hausfrau, Mutter und sozial engagierte Bürgerin gegolten denn als beinharte

Geschäftsfrau. Zwar arbeitete die geborene Wienerin nach der Matura einige Jahre in einem Kindermodengeschäft in der City und machte dort bald fast den gesamten Einkauf alleine. Aber dann zog sie mit ihrem Mann, der als Manager von Bayer und Steyr-Daimler-Puch häufig den Standort wechseln musste, von Leverkusen nach Pittsburgh, zurück nach Leverkusen und schließlich nach Lagos. Einmal war ein Job als Direktionsassistentin drin, ein anderes Mal konnte sie ein paar Englischstunden geben, aber sonst ließen ihr die beiden Kinder bloß Zeit zu ein bißchen Fund-raising für die American Women's Association und später in Afrika für Rot-Kreuz-Aktivitäten. „Es gibt überall etwas zu helfen, wenn man nur will. Das Hausfrauen-Dasein allein hat mir nie gereicht."

Zurück in Wien wurde sie zwar im Schulgemeinschaftsausschuss und im Elternverein aktiv und konnte in der Döblinger Gesellschaft gute Kontakte knüpfen – aber eines Tages kam ihr die Erkenntnis, „dass mir nur mehr das Chauffeur-Kapperl fehlt, so wie ich meine Kinder zum Tennis und zum Ballett fahre." Sie suchte nach einem Halbtagsjob, und bald meldete sich die Juwelierin Heldwein vom gleichnamigen Geschäft am Graben: Sie könnte sie brauchen, aber wenn, dann full-time. Frau P. sagte zu.

Zwei Jahre lang verkaufte sie Uhren von Patek Philippe, Piaget, Baume & Mercier, „und alles, was ich nicht wusste, habe ich aufgesogen". Als sie über private Kanäle hörte, der Hamburger Schmuckhändler Wempe plane in der ehemaligen Näherei des Salons Adlmüller auf der Kärntner Straße eine Filiale zu eröffnen, schrieb sie hin, bewarb sich mutig gleich um den Geschäftsführer-Posten – und saß im Jänner 1991 im Flugzeug nach Hamburg. „Ich erinnere mich noch genau, es war Golfkrieg, und ich war der einzige Fluggast an Bord."

Helmut Wempe gab sich zwar freundlich, aber er hatte bereits einem jungen Deutschen aus einer anderen Filiale den Job versprochen. Frau P. wechselte dennoch, als erste Verkäuferin. Als schon ein Dreivierteljahr später der junge Chef zurück nach Deutschland ging – der Start in Wien war nur mäßig erfolgreich gewesen –, durfte sie erst als provisorische Geschäftsführerin die Verantwortung übernehmen und wurde dann nach einigen Monaten fix installiert.

„Wir haben damals Fehler gemacht", erinnert sie sich. „Wir sind zuwenig wienerisch aufgetreten. An der Tür ist ein reizendes Mädchen gestanden, aber sie hat die Kunden mit „Tach" begrüßt. Das haben die Wiener gar nicht geschätzt."

Überdies wartete am dicht besetzten Wiener Markt niemand auf den Neuling, im Gegenteil: Die prestige- und umsatzträchtigen Marken Patek und Rolex sind bis heute aus Gründen des Gebietsschutzes für Wempe in Wien gesperrt. Vorsichtig erweiterte Frau P. das Sortiment nach unten mit billigerer, modischerer Ware, und auch touristisch-Verspieltes wird verkauft, gerade so viel, dass das luxuriöse Image nicht gestört wird.

Denn nach oben hin sind die Grenzen offen. Prominente wie Placido Domingo oder Eros Ramazotti schauen nicht auf die Kreditkarte beim Einkauf, und auch die in allen westlichen Luxusgeschäften gern gesehenen Russen, Ukrainer, Aserbaidschaner und Kasachen kaufen kein Blech. „Aber am wichtigsten ist nach wie vor die heimische Kundschaft. 70 Prozent sind EU-Verkäufe, und nachdem die Mehrwertsteuer in Deutschland noch immer niedriger ist, kaufen nur wenige Westeuropäer hier ein." Außer vielleicht spontan bei einem Wien-Aufenthalt anlässlich des Opernballs oder auf der Rückkehr von einer Geschäftsbesprechung.

Die Wiener Filiale des Familien-Konzerns, der immerhin mehr als zwei Milliarden Schilling umsetzt, ist jedenfalls äußerst erfolgreich. Der Umsatz pro Mitarbeiter liegt im obersten Drittel der 23 Filialen. Erreicht wird das, indem man wirklich keinen

Kunden auslässt. „Wir haben einmal einen etwas ungepflegt wirkenden Mann im Geschäft gehabt, im Trainingsanzug und in Schlapfen, mit einem Billa-Sackerl in der Hand“, erzählt Frau P. „Er war uns nicht ganz geheuer, aber er wurde freundlich bedient. Gekauft hat er dann einen Einkaräter um 200.000 Schilling. Im Sackerl waren fast eineinhalb Millionen.“

Der Tierarzt am Herd

Gerhard G., Fast-Food-Unternehmer

„Die denken sich schon etwas bei ihren strikten Regeln." Gerhard G., der Chef, führt mit Schwung den Salzstreuer über die siedendheißen Pommes frites, die, eben erst aus dem Fett geholt, in einer Nirosta-Wanne dampfen. „Man muss den Streuer von der Friteuse weg führen, damit kein Salz hineinfällt und das Öl ruiniert. Dass die Bewegung dann ein ‚M' bildet, wie im Marken-Logo, ist eher ein Zufall."

Herr G., eigentlich Doktor G., 42, ist seit vier Jahren Systemgastronom. Damals hat er – mit eigenen Investitionen von sieben Millionen Schilling – in Eisenstadt ein McDonald's Hamburger-Restaurant aufgesperrt – wie er heute zugibt, schon mit einem gewissen Bauchweh. „Aber ich wundere mich immer noch, wie regelmäßig die Kunden kommen. Ich habe ausgerechnet, wieviele Gäste ich brauche, und die sind auch immer da."

Das Zahlenspiel könnte konventionelle Gastronomen in die Verzweiflung treiben. Im winzigen Büro gleich hinter der Küche lässt Herr G. seinen Besucher einen Blick auf den Computer werfen, der die Geschäftsdaten bis ins kleinste Detail zerlegt. In der Mittagsstunde von zwölf bis eins haben die Kassen immerhin 17.000 Schilling Umsatz registriert, am gesamten Vortag waren es 160.000 Schilling. Im Schnitt kommen tausend bis zweitausend Gäste am Tag, und das in einer Kleinstadt mit elftausend Einwohnern.

„Ich weiß schon, ich bin kein hundertprozentig unabhängiger Unternehmer", sagt Herr G., „aber welches andere Produkt hätte mir vom Start weg einen Umsatz von 30 Millionen Schilling bieten können? Und heute liegen wir weit darüber." 44 Mitarbeiter zählt das Restaurant an der Ruster Straße, schon außerhalb der Eisenstädter City, rundherum stehen Möbelhäuser, Autosalons und Tankstellen. Etwa ein Drittel seines Geschäfts macht McDonald's auch hier im Burgenland am Drive-in-Schalter, wie man ihn vor wenigen Jahren nur aus US-Serien kannte.

Wenn sich jemand Quereinsteiger nennen darf, dann ist es Doktor G. Denn der gebürtige Wiener kann auf überhaupt keine familiären Beziehungen zur Gastronomie zurückblicken. Und auch sein eigener Schul- und Berufsweg zeigte in viele andere Richtungen, nur nicht ins burgenländische Amerika.

Interessiert hatte den Gymnasiasten vor allem Medizin, aber an den menschlichen Körper wollte er sich nicht heranwagen. Also studierte er Tierarzt, und obwohl er ein eher mittelmäßiger Schüler gewesen war, ging es beim Studium zügig voran. Als sich aber der Abschluss näherte, begannen erste Zweifel an der ökonomischen Sinnhaftigkeit: „Die meisten Studienkollegen haben einen Vater mit Praxis gehabt oder zumindest einen großen Bauernhof zu Hause. Mir hätte wohl eine städtische Kleintierpraxis gedroht, und auch das war damals schon nicht mehr so lukrativ."

G. ließ daher an der Uni seine Professoren wissen, er sei auch durchaus bereit, etwas anderes zu machen, sei es in der Forschung oder Industrie. Bald bekam er ein erstes Angebot, vom Chemiemulti Hofmann La Roche, als Verkaufsmanager für Vitamine und Tierfutter-Zusatzstoffe. Die Rahmenbedingungen waren allerdings nicht ganz so, wie sie sich der junge Tierarzt vorgestellt hatte: Das Gehalt entsprach mit 21.000 Schilling brutto nicht gerade seinen Erwartungen, das Dienstauto war ein Opel Ascona in Minimalausstattung, die Einsatzregion Osteuropa. „Ich habe mir oft gedacht, was machst du da, wenn ich im Winter durch rußige polnische Industriereviere gefahren bin."

Nach eineinhalb Jahren war er die Fahrerei leid, auch sah er sich nicht für ewig als Osteuropa-Experten. Also wechselte er zum Branchenkonkurrenten Hoechst und kam damit auch wieder etwas näher an seinen ursprünglichen Beruf. Denn nun verkaufte er in Österreich nicht nur Futter-Zusatzstoffe, sondern auch richtige Tier-Medikamente. „Ich habe aber die Tierärzte nicht selber besuchen müssen, drei Außendienstmitarbeiter sind für mich gefahren." Einige Jahre später nominierte man ihn in Österreich offiziell für ein Management-Entwicklungs-Programm. Nach mehreren Schulungen und Auslandsaufenthalten sollte er in die hiesige Chefetage aufsteigen können. „Aber man hat mir alles versprochen und nichts gehalten."

Als er merkte, dass alles „Schall und Rauch" war, streckte er wieder einmal seine Fühler aus und wechselte schließlich zum US-Konzern Master Foods, der Tierfutter und Süßigkeiten herstellt und vermarktet. In Österreich baute man gerade eine Spezialproduktion auf, für die man einen Tierarzt brauchte: so genannte „Prescriptive Diets" für Haustiere, medizinisch verschriebenes Diätfutter, etwa für nieren- oder herzkranke Lieblinge. „Der Renner waren aber die Produkte für die übergewichtigen Hunde", erinnert sich G. an ein Austriakum.

Die Produktlinie, die ausschließlich über Tierärzte vertrieben wurde und die auch eine Art Imageträger für die herkömmlichen Whiskas-und Pedigree Pal-Dosen waren, spielten freilich im Gesamtbudget von Master Food eine eher untergeordnete Rolle. G. wollte näher heran ans große Geschäft, also sattelte er innerhalb des Konzerns um auf Mars, Bounty, Snickers und Twix. Sieben Jahre vermarktete er als Product Group Manager diese Süßigkeiten, mit einem klaren strategischen Ziel: „Gute Jobs sind rar, und ich möchte eine möglichst breite Basis haben." Einmal, als ihm ein Kollege eine Partnerschaft in einer Tierarztpraxis anbot, überlegte er noch kurz, aber er wollte jetzt im Geschäftsleben bleiben, sich sogar selbständig machen. Bloß womit?

Als ihm ein Schulfreund vom Franchise-System bei McDonald's erzählte, war er sofort hellhörig. Er ließ sich die Unterlagen kommen, rechnete, überlegte, tüftelte. Seine anfangs skeptische Frau konnte er mit Hilfe der Kids überzeugen, schließlich verkaufte er sogar das Eigenheim in Gablitz, um genug Grundkapital zu haben. Dann übersiedelten noch alle ins Burgenland, denn eröffnet werden die neuen Restaurants nach einem überregionalen Standortplan, auf den G. keinen Einfluss hatte. Ach ja, und dazwischen war er noch in den USA, auf der „Hamburger University" in Oak Brook, Illinois. Dort holte er sich den „Bachelor of Hamburgerology".

Die Sorgen der Freiberufler

Edith A., Fremdenführerin

„Alle meine Kollegen machen sich Sorgen. Ich kann mir nicht vorstellen, dass sich ein Fremdenführer heuer einen Kredit aufnimmt. Die Lage ist einfach zu unsicher." Edith A. sitzt zigarettenrauchend in ihrem Döblinger Reihenhaus voller Antiquitäten, auf der cognacfarbenen Ledergarnitur schläft friedlich der riesige Perserkater Felix. „Ich bin eine Freiberuflerin, aber ich kann das etwas lockerer nehmen, bei mir verdient auch mein Mann."

Für heuer rechnet Frau A. mit einer Halbierung ihres Jahresumsatzes, „und das ist keine Schwarzmalerei". Von fünf Incoming-Reisebüros bekommt sie ihre Aufträge, der bei weitem wichtigste Kunde hat soeben unter Individualgästen aus Frankreich und Belgien einen Buchungs-Rückgang von 40 Prozent festgestellt. „Bei den Gruppenreisen weiß man es noch nicht so genau", gibt sich Frau A. noch vorsichtig, aber auch hier stehen die Zeichen auf Sturm. Französischsprechende Gruppen und Einzelreisende sind ihre Klientel, sie ist schon seit Jahrzehnten der frankophonen Welt zugetan.

Edith A. stammt ursprünglich aus Klagenfurt, und wer genau hinhört, kann bei der agilen Dame mit der Mireille Mathieu-Frisur und der modischen schmalrandigen Brille auch noch ein wenig Karntnerisch durchhören. „Damals hat jeder gesagt, der Tourismus ist die Zukunft", erinnert sie sich. Also besuchte sie die Hotelfachschule in Wien – um dann ihr Glück im Ausland zu versuchen.

Es folgten Hoteljobs in der Schweiz, ein Französischstudium und freie Übersetzer-Aufträge in Paris. Dort lernte sie ihren

Mann kennen, einen Südfranzosen aus Nizza, und mit ihm zog sie noch weiter in den Süden, nach Madagaskar, wo er Soziologie unterrichtete. Bald nach der Rückkehr nach Paris und der Geburt des ersten Kindes bekam er einen Posten bei der Unido in Wien angeboten, „und wir haben uns das einmal angeschaut."

Herr A. war von Wien begeistert, von den Kaffehäusern, dem kulturellen Angebot, der Küche, und aus dem Anschauen sind mittlerweile 25 Jahre geworden. Zu Hause spricht man zwar weiter Französisch, aber insgesamt ist die Familie bodenständig wienerisch.

Vor etwa zehn Jahren, als die Kinder schon größer waren, beschloss Frau A., wieder zu arbeiten. „Das war nicht nur, um mich zu beschäftigen", weist sie den unausgesprochenen Vorwurf der Luxusexistenz zurück. „Mein Mann ist bei der Unido kein Beamter, er erstellt Projektfinanzierungen für die Dritte Welt, aber immer nur mit zeitlich begrenzten Verträgen." Schon aus Gründen der Sicherheit wollte sie auch zum Familienbudget etwas beitragen.

Sie hatte schon vorher ihr perfektes Französisch für gelegentliche Übersetzungen genutzt und auch an der Botschaft am Schwarzenbergplatz gejobbt, jetzt ließ sie sich von einer Freundin zu einem Fremdenführer-Kurs überreden. „Das war eine schwierige Prüfung", erinnert sie sich. Man bekomme zwar keinen Titel, aber die Wissensgebiete erstreckten sich doch recht weit, von der Kirchengeschichte bis zur Kunst, von Politik bis zur Geographie. Am Ende winkte dann die Aufnahme in die Liste der staatlich geprüften Fremdenführer, die die ovale rot-weiß-rote Plakette tragen dürfen, auf der „Austria Guide" steht.

„Ich liebe diese Arbeit", schwärmt sie auch noch nach einem Jahrzehnt. „Es hat ein bisserl was vom Lehrberuf, aber am schönsten ist es, wenn einem nach einer Führung die Touristen sagen, dass sie jetzt auch ihre eigene Geschichte besser verstehen, nachdem ich ihnen ein paar Stunden erzählt habe." Es habe ja „nicht nur Kriege gegeben zwischen den Österreichern und Franzosen, sondern auch Hochzeiten". Oft genug berührte die Arbeit kaum die politische Geschichte, man war an Kultur und leichter Muse interessiert, folgte den Spuren Sissis oder jenen der Brüder Strauß.

„Jetzt ist das anders", bedauert Frau A. „Eigentlich wollen wir nicht über Politik reden, aber es gibt schon sehr oft scharfe Fragen. Was soll ich dann antworten? Dass 63 Prozent nicht die FPÖ gewählt haben?" Die französischsprachige Klientel sei in ihrer politischen Terminologie auch nicht zimperlich: Man spricht von der extremen Rechten und von der „Degeneration" der österreichischen Politik. „Wenn ich dann antworte, sie haben ja auch Le Pen und in Belgien die rechte Flamenpartei, dann sagen sie: aber nicht in der Regierung."

Ähnliches hört sie auch am Telefon, wenn sie von Freunden oder Bekannten aus Frankreich angerufen wird. Was denn los sei mit der Politik in Österreich, und ob man überhaupt kommen könne, wegen der Demonstrationen. „Ich tue mein Bestes, um zu erklären, aber letzten Endes habe ich keinen Einfluss darauf."

Frau A. hat auch davon gehört, dass die Reisebüros in Frankreich und Belgien, die Österreich-Urlaube anbieten, sich verstärkt bemühen, dennoch ist sie pessimistisch. „Das wird nicht so schnell vorbeigehen. Und selbst wenn sich in den nächsten Monaten etwas ändern sollte, für diese Sommersaison kommt das sicher zu spät."

Wirklich kritisch werde es erst ab Mai oder Juni, wenn die Gruppenreisen beginnen. Jetzt versuchten die Fremdenführer untereinander die Situation mit bitterem Humor ein wenig wegzublödeln: „Was, du hast heute eine Vierergruppe, immer noch besser als nur zwei."

Bei ihr selbst könne nicht viel passieren, gibt sich Frau A. zuversichtlich. Ihr Mann verdiene, die Kinder seien schon selbständig und das Haus beinahe abbezahlt. Aber Kolleginnen und Kollegen, die ausschließlich vom Führen leben, müssten sich schon nach Zweitjobs umschauen. „Die Saison ist kurz, und die Zahlungen laufen im Herbst und Winter weiter."

Herausgeber ohne Zeitung

Christof B., Online-Journalist

„Sie müssen entschuldigen, dass es hier so aussieht, aber wir stellen gerade wieder einmal um." Tatsächlich deutet das Großraumbüro in einem Gründerzeithaus im zweiten Bezirk auf Dynamik hin: In einer Ecke lehnen zusammengeklappte Tische an der Wand, die Regale sind entweder gerade aufgebaut oder soeben geleert worden, gleich daneben wird emsig in die Computer-Tastaturen geklopft.

Die netway AG – Motto: „Internet für alle" – ist einer der größten österreichischen Anbieter oder „Provider" elektronischer Dienste, wie es in der Neusprache heißt. Genaue Zahlen gibt es – wie auch bei der Konkurrenz – nicht, aber netway dürfte einen Marktanteil von knapp 20 Prozent halten. Und das Unternehmen aus der Raiffeisen-Bankengruppe wächst derzeit für heimische Verhältnisse rasend schnell, verdoppelt jährlich Umsätze und Personal.

Christof B., 37, lächelt mehr selbstbewusst denn entschuldigend, wenn er einem Besucher das Durcheinander zeigt: „Flexibilität braucht man schon in dieser Branche." Um an seinen eigenen Schreibtisch zu gelangen, muss sich der „Leiter Content & Online Redaktion" zwischen den Bürostühlen seiner Mitarbeiterinnen durchschlängeln, die mit dem Rücken zu ihm ihre Schirme mit Zeichen füllen. Für Status oder Chefgehabe ist hier kein Platz, B. ist leger gekleidet, die einzige Krawatte im ganzen Stock trägt der Marketingleiter.

B. ist erst vor einem halben Jahr zu netway gewechselt, zuvor war er Wirtschaftsjournalist bei mehreren Wiener Magazinen, bei „profil", „Wirtschaftswoche", „Format". Nach dem Grund gefragt, nennt er die Chance, etwas Neues zu machen, „denn die Magazinjournalisten verdienen ganz gut, beim Geld war der Unterschied nicht so groß."

Ehemalige Kollegen sind über seinen Schritt erstaunt. B.: „Natürlich gibt es da welche, die nicht verstehen, dass einer auf seine Namenszeile verzichtet und darauf, von jedem Minister zum Interview gebeten zu werden." Aber da seien auch andere, die schon diskret vorbeigeschaut hätten, ob es nicht auch für sie hier einen Job gebe.

Groß ist seine Personalverantwortung noch nicht, derzeit umfasst die Online-Redaktion fünf Mitarbeiter, aber wenn man das rapide Wachstum des Unternehmens betrachtet, wird auch die Zahl der Redakteure schnell zunehmen. B.: „Das hängt sehr vom Einzelfall ab. Wenn ich beim Vorstand gut argumentiere, dass ich für ein bestimmte Aufgabe eine zusätzliche Stelle brauche, dann kriege ich die auch."

Ganz abgesehen von der Führungsverantwortung hat sich auch die tägliche Arbeit von B. deutlich geändert. Zwar waren für ihn auch als Wirtschaftsjournalist schon Internet, Telekom und die Anfänge des E-Commerce die bevorzugten Themen gewesen. Aber hier hat er den klassischen journalistischen Redakteursjob doch deutlich hinter sich gelassen.

Er arbeitet eher wie der Herausgeber einer Zeitung denn wie ihr Chefredakteur. Es sind nicht mehr die reinen Nachrichten, die er zum „content" oder Inhalt zählt, den er für den Netzwerkbetreiber aufbaut. Immer wieder geht es auch um die ökonomische Einbindung des Ganzen, um die Verknüpfung von Information und Geschäft.

„Portalseiten" heißen die Zauberwörter, um die sich die Netzbetreiber prügeln wie junge Hunde. Gemeint sind damit jene Einstiegsseiten ins Internet, über die der Kunde dann zu seinen speziellen Zielen weiterreist. Hier kann ihn der Werber das erste Mal erreichen, von hier aus vermag ihn ein geschickter Kaufmann zwar nirgends hin zu zwingen, aber doch mit verführerischen Angeboten zu sich zu locken.

Um die jeweils eigene Portalseite interessant zu machen, haben daher – nach dem Vorbild USA – die Netzanbieter begonnen, darauf auch Inhalte anzubieten oder zu diesen hinzuführen. Da gibt es Nachrichten, Gesundheits- und Urlaubstipps, Buch- und Musikseiten. „Wir sind so etwas wie ein Boulevardmagazin", definiert B. „Und das Besondere daran ist, wir wissen in unserer Branche sofort, was ankommt und was nicht." In seiner Zeit als Magazinjournalist lautete der gängige Witz, „der Leser" habe sich gerührt, wenn wieder einmal einer der wenigen Briefe im Postfach gelegen ist.

Im Zeitalter der von Bundeskanzler Wolfgang Schüssel einmal eher abschätzig angesprochenen „Internet-Generation" geht das viel schneller: Erstens reagieren viele unmittelbar mit E-Mails und sagen, was ihnen gefällt und was nicht. Und darüber hinaus gibt die Technik den Anbietern die Möglichkeit, Besucher auf bestimmten Seiten zu zählen – man weiß also viel genauer als durch jede Medienanalyse, was die Kunden wirklich nutzen.

Die Aufgabe von B. liegt nun darin, stets neue „content"-Angebote zu entwickeln und diese dann in ökonomisch sinnvoller Weise einzubinden. Wo kann man zusätzlich Werbung generieren? Welche Links, also Weiterverweise auf andere Homepages, lassen sich einrichten, etwa zum elektronischen Buchhandel oder zu online-Reisebüros?

Und schließlich soll er das Medium selbst weiter differenzieren. Das Internet lässt sich ja – im Gegensatz zum Massenprogramm Fernsehen – weitgehend auf kleine Gruppeninteressen hinorientieren. Ein erster Versuch bei netway ist etwa eine eigene Portalseite für die über Fünfzigjährigen. Weitere Spezialangebote sollen folgen.

B. hat mit seiner Doppelfunktion in Journalismus und Geschäft keine Probleme, denn er selbst kennt aus eigener Erfahrung beide Seiten. Zum Journalismus hat ihn ein einjähriges Colleg in Salzburg geführt, das vom Kuratorium für Journalistenausbildung organisiert worden ist. Aber B. hatte auch ein Leben vor dem Schreiben, das mit einem fast fertigen Wirtschaftsstudium begonnen und mit einer Geschäftsführertätigkeit in einer PR- und Verlagsgesellschaft geendet hat. Vorläufig.

Der Schock für den Betriebskaiser

Johann P., Arbeiterbetriebsrat

„Das war schon ein Hammer. Ich hab' es gar nicht glauben wollen.“ Johann P., 50, ist vor zwei Jahren plötzlich aus seiner scheinbar sicheren, fest gefügten Betriebsrats-Welt gefallen. Gerade hatte er gedacht, dass seine „Bude“, das Rohrwerk im obersteirischen Krieglach, nun doch gerettet sei, weil sich ein neuer Investor gefunden hatte. Erleichtert hatte er mit seiner Frau ein Glaserl Sekt getrunken – und dann kam das Gespräch mit dem neuen Krisenmanager.

„In die Produktion gebe ich Sie nicht, und im Magazin haben wir auch keinen Platz“, musste P. hören. „Außerdem stellen wir keinen Betriebsrat mehr frei, und für Scheinanstellungen sind wir nicht zu haben.“ Er war seinen Job los, und mit 48 würde es in der Krisenregion des Mürztales keine leichte Sache sein, etwas Neues zu finden. P. hatte zwar nicht vor dem Verhungern Angst, aber dass man einen so mächtigen Betriebsrat einfach hinauswerfen konnte, das erschütterte den kräftigen 95-Kilo-Mann bis ins Mark. „Ich habe viele Nächte nicht geschlafen und in ein paar Wochen mehr als zwölf Kilo abgenommen.“

Natürlich kann man auch heute in Österreich einen Betriebsrat nur sehr schwer kündigen. Aber bei einer Firma im Konkurs beendet der Insolvenzfonds alle Dienstverhältnisse, und der neue Eigentümer darf sich aussuchen, wen er in seiner neuen Mannschaft haben will und wen nicht. Der schwäbische Unternehmer Cornelius Grupp, der in Österreich mittlerweile einen kleinen Industriekonzern mit etwa 3.000 Beschäftigten betreibt, ging die Konfrontation mit P. ein.

„Gleich bei der ersten Versammlung haben die Kollegen wegen mir einen Wirbel machen wollen", erinnert sich P. Aber er selbst habe ihnen geraten, das nicht zu tun, sonst könnte es sich der neue Investor überlegen und vorzeitig alles hinschmeißen. Das sei die Sache nicht wert.

Er gibt zwar zu, dass die Verhandlungen „manchmal grob" gewesen waren. P. hatte zuvor schon einen potentiellen Retter, einen Italiener, vertrieben, weil er die von diesem geforderten Lohnkürzungen von 30 Prozent als inakzeptabel bezeichnet hat. Auch das Management der Erste Bank, des Hauptgläubigers der insolventen Firma, verlangte von ihm einmal eine Entschuldigung, sonst setze man sich nicht mehr an den Verhandlungstisch – so ungestüm war er ihnen gegenüber aufgetreten.

Es sei ja alles nur für das Unternehmen gewesen und für seine Leute, rechtfertigt sich der Gewerkschafter für seine Ruppigkeit. Krieglach-Rohr, eine 200-Mann-Stahlfirma, die unter anderem Wasserleitungsrohre und Vorprodukte für die Möbelindustrie fertigte, war ursprünglich Teil des Linz-Donawitzer Voest-Alpine-Konzerns gewesen. Mitte der 80er Jahre gab es eine erste Privatisierungswelle in der verstaatlichten Industrie, das Werk wurde zum Verkauf freigegeben und ging 1989 an einen Passauer Fabrikanten. Anfangs schnellten die Umsätze hinauf, aber dann stellte sich eine Großinvestition in den Maschinenpark als Fehlschlag heraus. Die Produktion wollte und wollte nicht funktionieren, immer mehr Schulden türmten sich auf. 1997 schlitterte das Unternehmen in den Konkurs.

„Alle haben gesagt, da ist nix mehr zu machen, auch unsere eigenen Leute in Graz", erinnert sich P. Aber er wollte das auf keinen Fall glauben: „Wenn wir zusammenhalten, wird es weitergehen", machte er den Kollegen Hoffnung und spielte mit den Muskeln des Betriebsrates. Einmal tauchte P. mit einer Delegation im Grazer Landhaus auf, dann wieder bei Bundeskanzler Viktor Klima in Wien. Innerhalb weniger Wochen schaffte es

P., den Kilometerzähler seines neuen Opel Vectra auf 70.000 zu stellen: Graz, Linz, Wien, wieder Graz.

Über das Büro Klima fand sich dann der Industrielle Grupp, der sich unter harten Bedingungen zur Weiterführung bereit erklärte. 24 Prozent Lohnabschlag war etwa die Forderung an die Belegschaft – und P. rannte lautstark dagegen an. Schließlich einigte man sich bei 16 Prozent Kürzungen und beim Versprechen, einen Großteil der Mitarbeiter wieder einzustellen. Dass P. nicht unter ihnen sein würde, war nicht abzusehen.

Aber er, der sich selbst durchaus als „stur" bezeichnet, hatte auch in der heiklen Phase seinen Mund ein wenig zu voll genommen. „Ich werde eh nicht lang arbeiten", hatte er laut jeden wissen lassen, der es hören wollte. „Denn bald wird die Firma wieder mehr als 150 Leute haben, und dann muss der Betriebsrat wieder freigestellt werden."

Betriebsrat ist heute jemand anderer, der laut P. „kooperativer" gegenüber dem neuen Management ist. Aus der Außensicht des früheren Personalvertreters scheint die Sanierung geglückt, es gibt genügend Aufträge, hört er im Ort, und zusätzliche Leute haben Arbeit gefunden. Weh tut es ihm freilich immer noch, wenn er von seinem nahen Einfamilienhäuschen am Werkstor vorbeifährt.

Arbeitstlos ist er nicht lange gewesen, ganze zwei Monate, dann sagte ihm ein Kollege aus dem nahen Böhler-Edelstahlwerk in Kapfenberg, dass man sieben Leute suche, er solle sich doch bewerben. Jetzt haben ihn die neuen Kollegen schon wieder zum Betriebsrat gewählt, allerdings nur in seiner Abteilung, und er ist nicht freigestellt. Sein altes Kampfgewicht hat er wieder erreicht, nach der Schicht schlüpft er noch in die Rolle des Regionalpolitikers, als SPÖ-Vizebürgermeister von Krieglach. Mehr Zeit fürs Berggehen und für die Familie hat er auch gefunden: „Meine Frau, die arbeitet im Büro im anderen Rohrwerk im Ort, die ist auch in der schweren Zeit hinter mir gestanden."

In der nächsten, jüngeren Arbeiter-Generation sieht er keine kämpferischen Betriebsräte mehr: „Die sagen nur: Ich mach' meine Arbeit und hab' dann meine Ruhe."

Ein Multi aus Österreich

Felix M. und Werner N., Firmengründer

Ihr Ziel ist nicht gerade bescheiden. „Wir wollen einen österreichischen Multi aufbauen“, sagt Felix M. ganz ruhig. Sein Geschäftsführer-Kollege Werner N. fügt hinzu: „Wir wachsen organisch, jetzt nehmen wir gerade fünf bis zehn neue Mitarbeiter pro Monat auf, aber wenn sich da und dort eine Akquisition ergibt, werden wir das machen.“

Die beiden Anfangsdreißiger sind ihrem kühnen Ziel schon ein ganzes Stück nahegekommen. Im Vorjahr haben sie mit einem Mangement Buy Out eine Abteilung des schwedischen Telekom-Multis Ericsson in Wien übernommen und nennen sich jetzt Ericsson Ahead Communications. Das waren damals 80 Mitarbeiter und rund 300 Millionen Schilling Umsatz. Momentan halten sie bei 120 Leuten und 500 Millionen. Und es geht weiter steil nach oben.

Die beiden Jungunternehmer hatten sich für ihren Schritt in die Selbständigkeit eine gute Basis geschaffen. Beide sind Absolventen einer Elektrotechnik-HTL, und beide haben seither nie aufgehört zu lernen, ob es bei Werner N. „International Telecommunications Management“ in Phoenix, Arizona, war, oder bei Felix M. „Wirtschafts- und Verwaltungsführung“ an der WU Wien. Und beide sind so international, wie das ein junger Österreicher nur sein kann. N. ist als Product Manager bei Ericsson innerhalb von drei Wochen mit Kind und Kegel nach Dallas, Texas, übersiedelt, als ihn der Konzern dort brauchte. M. hat unter anderem schon in China und Schweden gearbeitet, seine Auslandserfahrung umfasst mehr als zehn Jahre.

Kennengelernt haben sich die beiden nicht bei dem Multi,

sondern als „klassische Vertragsbedienstete“, wie N. etwas ironisch herauspresst. Anfang der 90er Jahre arbeiteten beide an einem Projekt der österreichischen Bundesregierung, die Botschaften und Konsulate weltweit mit einem Datennetz zu verbinden. Felix M. hielt das ganze drei Monate aus – „mir war das nicht dynamisch genug“ – und wechselte wieder in die Privatwirtschaft, zu Schrack Telekom, das später von Ericsson übernommen wurde. Werner N. folgte bald nach.

Die Technologie, mit der sich die beiden dann einige Jahre lang bei Ericsson befassten, nennt sich xDSL, Digital Subscriber Line. Dabei geht es darum, die existierenden traditionellen Kupferkabel der Postverwaltungen und anderer Telekom-Unternehmen mit dichter gepackten Telefonaten oder Datenströmen besser zu nutzen. M.: „Etwa fünfzig Prozent der Hardware-Investitionen aller Telekoms stecken im Kupfernetz. Daher ist es extrem wichtig, diese intensiv zu belegen.“

Ihre – simplen – Ursprünge hat diese Technologie in der Umstellung alter Viertel- und Hälfteanschlüsse der Post in Österreich und der damaligen Tschechoslowakei. Man wollte Neukunden nicht mehr so lange warten lassen, alte Anschlüsse als Einzelnummern modernisieren. Innerhalb weniger Jahre gelang es, mit mehreren Technologiesprüngen diese Nutzung in die Höhe zu treiben. Heute kann man auf einem Kupfer-Leitungspaar immerhin zwölf Einzelanschlüsse unterbringen.

Die mächtigen Glasfaserkabel kommen den Ahead-Managern nicht in die Quere. Felix M.: „Wir sind im Access-Bereich tätig, das heißt zwischen den Kunden und den Netzknoten zu den Glasfaserleitungen.“ Die Nachfrage nach ihrer Technologie ist enorm. Momentan haben sie etwa 100 Abnehmer in 70 Ländern, von Portugal bis Ungarn, von Spanien bis in die Türkei, von Mexiko bis Singapur. „Nur in Nordamerika sind wir nicht im Geschäft“, erklärt Werner N., „die haben einen etwas anderen Standard, dafür zahlt es sich nicht aus, extra zu entwickeln."

Denn Forschung und Entwicklung spielen in der schnelllebigen Telekom-Welt eine entscheidende Rolle. Vom heurigen 500-Millionen-Schilling-Umsatz fließen immerhin 100 Millionen in diesen Bereich. Ahead hält etwa 25 internationale Patente und Markenrechte, fünf Patente wurden seit dem MBO eingereicht, sechs weitere werden gerade bearbeitet. „Aber eigentlich sind die Patente nicht das Entscheidende", so N., „wichtiger ist, dass wir den Prozess des Umsetzens beherrschen, die Patente veralten sehr schnell."

Die Selbständigkeit war nicht von vornherein geplant gewesen. N. schrieb seine ersten Konzepte zur Ausweitung seines Bereiches noch als Abteilungsleiter bei Ericsson, stieß aber auf kein rasend großes Interesse. Obwohl es sich bei der Kupferkabel-Technologie noch um einen Kernbereich der Telefonie und Datenübertragung handelt, dürfte er für den 30-Milliarden-Dollar-Konzern im Vergleich zu Mobilfunk und elektronischen Vermittlungssystemen doch nur Peanuts darstellen.

„Ericsson hat in einigen Ländern Vertriebstöchter abgestoßen und auch manche Fabrik an Zulieferer verkauft", berichtet N., der seinen frühern Kollegen M. von einer Top-Position bei der Telekom-Firma Global One mit in die Selbständigkeit geholt hat. „Aber als ganzer Produktbereich sind wir die Ersten, die das geschafft haben." Dennoch blieb Ericsson an dem neuen Unternehmen beteiligt, der große, internationale Name hilft auch beim Akquirieren neuer Kunden. Fast die Hälfte der Anteile hält der englische Investmentfonds Alchemy, der zuletzt dadurch Schlagzeilen gemacht hat, dass er als Übernahme-Interessent von Rover im Gespräch war, als BMW die britische Automarke wieder abstieß.

Etwas mehr als ein Drittel des Unternehmens besitzen die

Manager, neben den beiden Geschäftsführern sind noch Finanz- und Produktionsleiter beteiligt. Später sollen alle anderen Mitarbeiter Anteile erhalten, ein Börsegang ist für Ende nächsten Jahres vorgesehen. Aber von persönlichem Reichtum wollen die beiden Chefs nichts wissen: „Selbst wenn wir dann ein gut bewertetes Aktienpaket halten, dürfen wir das ja nicht verkaufen. Sonst glaubt jeder, die vertrauen nicht darauf, dass der Kurs noch steigt.“

Postadresse Gruft

Rudolf K., Obdachloser

Kaum hat er seinen Packen „Augustin"-Zeitungen im Sackerl versteckt, würde niemand in ihm einen Obdachlosen vermuten. Rudolf K. ist einfach, aber sauber gekleidet, über dem zotteligen Fleece-Pullover trägt er eine dunkelblaue Winterjacke. Die graumelierten Haare sind gepflegt und nach hinten frisiert, die Wangen glattrasiert, sein Gesicht zeigt auch im Winter keine Spuren des Wärmemittels Alkohol.

Und doch könnte Herr K. keinen Meldezettel vorweisen, seine Postadresse lautet „1060 Wien, Gruft unter der Mariahilfer Kirche". Dort, in einem Sozialprojekt der Caritas, schlafen jede Nacht 120 Obdachlose, waschen ihre wenigen Wäschestücke, können heiß duschen und erhalten drei Mahlzeiten. „Wie ich das erste Mal hereingekommen bin, habe ich mir gedacht, um Gottes Willen, wo bin ich." Es war Nacht, und in dem großen Gewölbe lagen überall auf Matten und in Schlafsäcken Menschen.

Das war im Winter vor vier Jahren, und Rudolf K. ist – mit Unterbrechungen – noch immer da. „Ich bin nicht nur einmal vorm gelben Streifen gestanden", erzählt er, „aber ich war dann doch zu feig." Der gelbe Streifen ist die Markierung am Rand des U-Bahn-Perrons, in K.s jetziger Welt ein Synonym für das endgültige Aufgeben.

1994 konnte er sich diese Umgebung noch gar nicht vorstellen. Damals wohnte er mit seiner Frau in einer mehr als 100 Quadratmeter großen Gemeindewohnung. Beide verdienten – er sogar ausgesprochen gut. „Ich habe in einer Druckerei viele Überstunden gemacht, aber 35 – 40.000 netto waren es immer."

Dem gemeinsamen Sohn und den beiden Kindern, die seine Frau in die Ehe mitgebracht hatte, fehlte es an nichts.

Doch plötzlich – nach siebzehn Jahren – ging die Ehe in Brüche, „und dann ist es Schlag auf Schlag gegangen." Herr K. verließ die gemeinsame Wohnung und übernahm auch noch – weil er ohnehin gut verdiente – die gemeinsamen Schulden, 300.000 Schilling. Plötzlich kam die Firma unter Druck und kündigte die teuersten Mitarbeiter. „Am Arbeitsamt haben sie mir gesagt: ‚Schauen Sie auf Ihr Geburtsdatum!'" Er musste das Auto verkaufen, auch das Zimmer in einer Pension wurde auf einmal zu teuer. Ein paar Tage schlief er bei einem Bekannten, dann wurden es Parkbänke, Eisenbahnwaggons und verschiedene Plätze auf der Donauinsel. Von den Schulden hatte er zwar schon etliches zurückgezahlt, aber der Rest reichte immer noch zu einem Exekutionstitel. Er begann schwarz zu arbeiten, im Prater bei einem Schausteller.

Das wenige, das er verdiente, setzte er schnell in Alkohol um. Zum Betteln war er zu stolz, stehlen oder einbrechen wollte er nicht. „Ich habe in den Mistkübeln nach weggeschmissenen Langos gesucht. Damals habe ich nicht einmal gewusst, wo man in Wien umsonst ein Essen kriegt."

Ein besser Informierter schickte ihn in die „Gruft". Hier hatten im Jahr 1986 Schüler des Amerling-Gymnasiums mit ihrem Religionslehrer, dem Pfarrer der Mariahilfer Kirche, Albert Gabriel, ein Advent-Projekt gestartet: Tee und Schmalzbrote für Obdachlose. Schnell wurde daraus in Eigeninitiative ein Aufenthaltszentrum mit Waschgelegenheit, später kam eine Küche dazu, und seit einigen Jahren ist rund um die Uhr geöffnet. 120 Männer und Frauen können in dem ehemaligen Friedhof und Lagerraum unter der Kirche schlafen.

Heute führt die Caritas die „Gruft", und die Gemeinde Wien stellt fast zwei Drittel des Budgets. Der Rest kommt von privaten Spendern. Merkur lässt etwa am Ende des Tages das Brot aus seinen Supermärkten abholen, Kotanyi hat Spaghetti-Portionen geschenkt, Firmen und auch Einzelpersonen bringen Waschmittel und Winterkleidung, Toilettenartikel und Essen. „Da sind manche darunter, die sparen sich das selbst vom Mund ab", erzählt Pater Carl Gölles, der Leiter.

Zu Weihnachten ist die Spendenfreude naturgemäß am größten, aber eine ganze Reihe von Waren braucht man das ganze Jahr über – vom Zucker bis zur Haltbarmilch, von der Seife bis zu Plastiklöffeln. Etwa 40 Menschen schenken in regelmäßigen Abständen den Obdachlosen ihre Zeit, begleiten sie etwa bei den gefürchteten Amtswegen oder betreuen sie im Spital.

14 Angestellte beschäftigt die „Gruft", von der Köchin bis zum Sozialarbeiter. Die Streetworker besuchen auch jene Obdachlosen, die den Weg noch nicht hergefunden haben, unter Brücken, in öffentlichen WCs, in Parks. „Unser Ziel ist, sie so weit wie möglich wieder in die Gesellschaft einzugliedern", sagt Pater Gölles. „Das kann in ein Altenheim sein oder in eine Startwohnung, manchmal heißt es, monatelang versuchen, an jemanden heranzukommen, der sich zurückgezogen hat."

Rudolf K. versuchte schon mehrmals, wieder Fuß zu fassen. Einmal hat er einige Monate bei einer Wiener Spedition gearbeitet und von dem, was ihm nach der Pfändung geblieben ist, mit einer Freundin in Bratislava gelebt. „Dort ist das Geld noch mehr wert." Aber auch diese Beziehung ist zerbrochen, und er kam wieder in die Gruft zurück. „Nicht gleich, ich habe mich vor den Sozialarbeitern hier geniert." Er war erst in einem Männerwohnheim, flüchtete aber als mittlerweile Trockener vor den aggressiven Alkoholikern.

„Ich habe sicher auch Fehler gemacht", gibt er zu. So ist er nur einmal zur Schuldnerberatung gegangen, aber die notwendigen Bankunterlagen hat er sich nicht besorgt. Einen gut bezahlten

Job hat er abgelehnt, „weil ich in meinem Alter nicht 60 Stunden arbeite, und dann bleiben mir 8.000 Schilling über."

Sein Wunsch wäre eine Halbtagsarbeit, die ihm nicht zu schwer ist, „und davon täte ich gerne ein paar Tausender der Bank geben." Auch nach einer Freundin sehnt er sich wieder, trotz seiner Enttäuschungen. „Ein einfaches, geregeltes Durchschnittsleben ist alles, was ich will, und nicht mehr nur dem Verlorenen nachtrauern."

„Du kannst das schon“

Ingrid G., Fachhochschul-Absolventin

Es war ein Teufelskreis. Ingrid G. bekam zwar ihr Stipendium, aber fürs Leben reichte das lange nicht. Die Arbeit im „Kärntner Keller“ in der Wiener Josefstadt, wo die Englisch- und Deutsch-Lehramtsstudentin ihre Finanzen aufbesserte, war kaum vor zwei oder drei Uhr in der Früh zu Ende. Die Folge: Das Studium wurde immer zäher.

Es dauerte einige Monate, bis sich Ingrid, Jahrgang 1972, eingestand, dass das so nicht weitergehen könne. „Eigentlich war es ein Zufall, dass ich überhaupt maturiert habe, als sechstes Kind.“ Die Drautalerin, deren Vater schon in die Frühpension gerutscht war, wurde schnell auf die Lehrerinnen-Schiene gesetzt: „Da waren alle bekannten Argumente wie: ein guter Frauenberuf, Haushalt und Kinder gehen sich daneben aus.“

Interesse an der Literatur hatte sie schon mitgebracht, also inskribierte sie an der Uni, wenngleich ohne viel Enthusiasmus. Es wurde Wien, weil sie hier bei ihrem damaligen Freund ein günstiges Substandard-Quartier beziehen konnte. In der Doppelmühle – Abend- und Nachtjob im Wirtshaus und zunehmend ungeliebtes Studium – schleppte sie sich noch einige Semester weiter, aber eigentlich „habe ich ziel- und planlos dahingelebt“.

An einem Sonntagnachmittag bei Freunden in Wien sagte sie erstmals laut, woran sie schon länger gedacht hatte: Sie wolle einen fixen Job, zumindest halbtags. In der Runde war eine Angestellte der Personalvermittlungs-Firma Manpower, die erzählte, sie hätte einen Posten bei einer US-Computerfirma, zwar nur an der Rezeption, aber in einem netten Umfeld.

Es war eine kleine, feine Firma, ein Zehn-Mitarbeiter-Vertriebsbüro für Server und Speichersysteme der amerikanischen Data General, und Ingrid arbeitete dort „irrsinnig gerne". Die enttäuschte Studentin blühte erstmals auf, brachte sich selbst MS-Office bei, schnupperte überall mit großer Neugierde hinein. Eine Prokuristin des Unternehmens, die Controllerin, nahm sie unter ihre Fittiche. „Du kannst das schon", hörte die junge Kärntnerin in bester US-Motivationstechnik wiederholt von ihrer Mentorin – und sie, die sich stets als Versagerin gesehen hatte, mutete sich immer mehr zu.

Einen Rückschlag musste sie noch einstecken. Kurzzeitig hatte sie Jus inskribiert, weil sie sich das als gute Ergänzung ihrer neuen Business-Tätigkeit vorgestellt hatte. „Aber schon bei der Einführung bin ich mit Bomben und Granaten durchgefallen. Ich war nie in der Vorlesung, da habe ich immer gearbeitet."

Mit ihren 10.000 Schilling, die sie jetzt verdiente, fühlte sie sich reich. Aber es nagte doch: „Ich habe keine richtige Berufsausbildung." Ewig wollte sie auch nicht Rezeptionistin bleiben, selbst wenn sie sich schon ein paar einfache Buchhaltungs-Agenden hatte aufladen lassen. Irgendwo musste sie sich beweisen, das „I kann nix, bin nix, werde nie etwas schaffen" ließ sie nicht mehr aus.

Dann hörte sie von der Einführung der Fachhochschulen in Österreich und dass man diese auch berufsbegleitend besuchen könne. Das schien ihr die Chance zu sein. Also verglich sie die Lehrpläne und entschied sich schließlich für „Europäische Wirtschafts- und Unternehmensführung" des BFI. Um die 110 Studienplätze gab es allerdings ein großes Gerangel, und mit ihrer Hearing-Präsentation schaffte sie es gerade nicht unter die Auserwählten.

Mehr aus Trotz schrieb sie einen Brief an die Fachhochschule, dass sie bereitstünde, falls jemand ausfiele. „Wirklich Hoffnungen habe ich mir keine mehr gemacht." Daheim, wo sie von ihren Wünschen und Plänen nichts gesagt hatte, kam im Sommer auf einmal der Vater zu ihr und wunderte sich, wer da aus Wien angerufen habe. Das Wunder war geschehen, und sie hatte ihren Studienplatz.

Jetzt begann eine schöne, aber harte Zeit. Zwar musste sie für die Schule nichts bezahlen, aber die Stunden allein hatten es in sich: Montag und Mittwoch von halb sechs fast bis zehn, Freitag von vier bis neun, Samstag von neun bis drei – wobei die Fachhochschulen auf Anwesenheit bestehen. „Das ist schon brutal: Man kommt müde von der Arbeit, und dann soll man sich noch konzentrieren" – aber die Studenten halten zusammen: „Man hilft sich gegenseitig, wenn einer durchhängt."

Und das passiere eigentlich jedem in den vier Jahren. Bei ihr war es am Schlimmsten, als ihr Vater schwer krank wurde. Er lag ein halbes Jahr in einer Wiener Klinik, und sie zwickte sich zwischendurch noch halbe Stunden ab, um bei ihm sein zu können.

Als ob das alles noch nicht genug gewesen wäre, legte sie im Beruf noch ein Schäuferl nach. In der Firma hatte eine Vertriebsassistentin gekündigt, und sie überlegte hin und her, ob sie sich das zutrauen könnte. Als sie sich dann doch zum Chef wagte, sagte ihr die Prokuristin: „Ich habe schon die ganze Zeit gewartet, dass du dich bewirbst. Ich habe mich nicht fragen getraut wegen des Studiums."

Es klappte, jetzt auch im Full-Time-40-Stunden-Job. Und selbst nach der Übernahme des Unternehmens durch eine deutsche Gruppe konnte sie ihre Position in der neuen Firma behalten. Als das obligate Praxissemester anstand, ließ sie der neue Chef zwar nicht für vier, aber wenigstens für zwei Monate nach England, in eine Schwesterfirma.

In der kommenden Woche hat Frau G. ihre letzte Prüfung, dann kann sie den begehrten Mag. (FH) auf ihre Visitenkarte setzen. Gelernt hat sie viel in den acht Semestern, von Betriebswirtschaft bis zum EU-Recht. Aber das Wichtigste waren wohl Selbstvertrauen und ein weiterer Horizont. „Angst habe ich keine mehr, und ich habe viel Angst gehabt." Im Herbst will sie nach London gehen, sich dort einen Job und eine Wohnung suchen, auf wie lange weiß sie noch nicht. „Das Schlimmste, das mir passieren kann, ist, dass ich nach einem Jahr wieder da bin und neu anfangen muss."

Die virtuelle Firma

Robert H., Leder-Designer

Das neueste, schräge Gepäckstück war eine Auftragsarbeit – und nicht für die schlechteste Adresse. Der Anruf kam aus der Redaktion des deutschen Modemagazins „Vogue“: „Wir haben bei unseren Mode-Shootings immer wieder ein großes Problem. In der Sommerhitze oder auch unter den Scheinwerfern wird das Make-up schnell flüssig. Könnten Sie uns nicht eine gekühlte Schminktasche entwickeln?“

Robert H. überlegte, skribbelte und entwarf eine witzige Kombinations-Tasche. Ganz oben sieht sie aus wie eine normale Damenhandtasche. Daran hängt – abnehmbar mit einem rundumlaufenden Lederriemen – eine zweite Sektion mit Abteilungen und Lederschlaufen für die Schminktiegel und Flascherln. Im nächsten Geschoß darunter haben zwei handelsübliche Cool Packs Platz, die man im Eisfach vorkühlen kann.

Die Redaktion war mit dem Prototyp zufrieden und das „Beautycase St. Moritz Cool“ hat mittlerweile Einzug in die laufende Kollektion gefunden. Dem mobilen Snob könnten sich noch weitere Einsatzmöglichkeiten erschließen: Das gekühlte Fach lässt sich von wohlhabenden Europa-Reisenden ganz leicht für den Transport von heiklen Gourmet-Artikeln nutzen. Und wenn das mit dem Bankgeheimnis einmal nicht mehr so ganz klappen sollte – die Cool Packs ähneln in ihren Abmessungen Banknotenbündeln, und wer denkt schon an das Keller-Abteil in einer Reisetasche?

Natürlich verdient sich Robert H. Miete und Wein nicht mit verschrobenen Einzelstücken. Seine Brot- und Butter-Artikel heißen „Tasche Como“ oder „Tasche Zürs“, „Brieftasche Europass“ oder „Aktentasche eine Falte“. Aber mit seinen ruhig-eleganten Lederwaren auf höchstem handwerklichen Niveau konnte er sich in den letzten zehn Jahren auch international einen Namen machen. Regelmäßige Werbeauftritte in den großen Modezeitschriften und die Präsenz in kleinen, aber feinen Detailgeschäften zwischen Wien, Hamburg und New York haben ihm zwischen den kapitalkräftigen Luxus-Markenartikeln einen fixen Nischenplatz gesichert.

Die zurückgenommene Art des Designs kommt nicht von ungefähr. „Ich beziehe mich mit Kopf und Bauch auf die Wiener Moderne der Jahrhundertwende, auf die schlichte, puristische Ornamentlosigkeit eines Adolf Loos. In den USA haben sie mir gesagt: Tun Sie doch Goldknöpfe drauf wie bei Versace. Das kann ich einfach nicht.“

Robert H. ist als Designer Autodidakt. Der Wiener, Jahrgang 1950, studierte zuerst einmal Soziologie und Psychologie. Dann drehte er Fernseh-Dokumentationen und arbeitete anschließend als Programmkoordinator für die Wiener Festwochen: „Kunst im öffentlichen Raum“. „Wir waren damals sehr intellektuell, aber die Tendenz im Kulturbetrieb ist immer mehr in Richtung ‚Freibier für alle‘ gelaufen“, spöttelt er heute.

Jedenfalls wollte er aus dem subventionierten Betrieb weg und überlegte, wo seine Talente wohl liegen könnten. Er war mit dem Schauspieler Alexander Waechter befreundet, mit diesem unternahm er auch öfter Landpartien nach Tattendorf. Sie besuchten aber keinen Weinbauern, vielmehr einen Schuhmacher, der dort relativ günstige Maßschuhe fertigte. H., der mit achtzehn von seinem Vater das erste Paar Handgemachte bekommen hatte, saß fasziniert in der Werkstätte und sog alles in sich auf.

Der zukunftsweisende Dialog mit seinem Schauspieler-Freund ging dann etwa so. H., verzweifelt: „Was soll ich denn machen?“ Waechter: „Nur das, was du wirklich kannst, wo du dich auskennst." H.: „Und wo kenne ich mich aus?" Waechter, unromantisch: „Bei Schuhen."

Also schaute sich H. in Wien um und stieß auf die Firma Ludwig Reiter. Diese fertigte damals in bester Handwerkstradition „Fox Medana"-Gesundheitsschuhe. H. zeichnete – in Anlehnung an klassische Wiener Muster – mehrere Herrenschuhe und ließ sie bei Reiter fertigen. Aus deutschen Modezeitschriften suchte er sich die Adressen exklusiver Geschäfte heraus.

Unzählige Male blitzte er ab – vom traditionellen Wiener Schuhhandwerk wusste man in Deutschland nichts mehr. Schließlich reüssierte er beim Besitzer einer kleinen Luxuskette für Herrenmode. „Er hat auf einmal 580 Paar bestellt", erinnert sich H.. „Ich habe schon geglaubt, im nächsten Jahr fliege ich im Privatflugzeug."

Aber der neue Unternehmer sollte das Geschäft nicht auf die leichte Tour lernen. Die Zahlungskonditionen für den Neuling waren hart, die Lagerhaltung überstieg bald seine finanzielle Kraft. „Also bin ich zwar bei meinem Material, beim Leder, geblieben, habe mich aber auf Taschen und Accessoires verlegt. Da gibt es keine unterschiedlichen Größen und Weiten."

Heute ist „R. H.'s Wien" beinahe ein Idealbeispiel für ein virtuelles Unternehmen. Lediglich sechs Angestellte gibt es, der Chef selbst kauft in aller Herren Länder die Materialien ein, seine Firma hält das Lager und macht den Vertrieb. Die Produktion besorgen sechs Wiener Handwerksbetriebe. Robert H. entwirft die Modelle, ganz konventionell mit Bleistift und Papier. „CAD bringt da nicht viel, die Taschner können auch nicht wie in der Textilindustrie mit dem Computer aus mehreren Schichten Stoff effizient die Muster herausschneiden. Sie müssen bei jeder Haut die Teile ohne Fehler für die Frontstücke der Taschen finden. Das kann keine Maschine."

Zwar bedient der Designer mit seiner puristischen Strenge

nicht den überladenen Geschmack der Neureichen. Aber auch er ist zu gewissen Konzessionen an die Modebranche gezwungen. So muss er zweimal im Jahr eine neue Kollektion herausbringen, um damit die Gier der Fachpresse und des Handels nach Neuem zu befriedigen. „Wir machen das halt nicht unbedingt immer mit neuen Formen, wir probieren etwa eine neue Farbe: rosa, oder die Kombination hellblau mit beigem Canvas."

Sound aus dicken Rohren

Angelika und Otto K., Automobil-Zulieferer

Der Parkplatz vor der blaugelben Halle ist verwaist. Fast. Ein silbergrauer großer Mercedes hält vor dem Reserviert-Schild, die Türe zum Bürotrakt verstellt ein blaumetallener Porsche 911. Der Sommerurlaub in der Automobil-Zulieferfabrik im weststeirischen Voitsberg gilt für die gesamte Belegschaft – außer für die Chefs.

Angelika und Otto K. empfangen ihre Besucher in einem fast südländisch-durchgestylten Büro, ebenfalls in den Farben des Unternehmens, blau-gelb. Designer-Lampen hängen über dem Glastisch, moderne Bilder fügen sich ins Farbenspiel ein. Und auch das Unternehmer-Ehepaar gibt sich sommerlich-entspannt: Sie in einem gelben Leinenensemble, er in Sportsakko und dunklem Poloshirt.

Der Alltag der beiden geschäftsführenden Gesellschafter der international bekannten Auspufffirma Sebring sieht freilich anders aus. Otto K., 53, ist für die Technik verantwortlich: „Normalerweise geht es um sechs Uhr los, und um acht am Abend treffen wir uns zu Hause." Seine Frau Angelika, 41, ist Finanz-, Marketing- und Verkaufsverantwortliche: „Von neun bis elf, um zwölf machen wir dann erst gemeinsam die Post."

Die Doppelconference des Ehepaares K. hat eine lange Vorgeschichte. Bis sie so sportlich-elegant in ihrem Chefbüro sitzen konnten, mussten sie jahrelang rackern. Otto K. hatte sich ab 1970 im fünf Jahre zuvor in Bärnbach gegründeten Unternehmen Sebring bis zum Geschäftsführer hinaufgearbeitet. Seine Frau Angelika, die 1978 in die Firma eintrat, leitete 1990 den Verkauf.

Dann kam es mit den Besitzern zum Bruch, und die K.s gründeten mit fünf Mitarbeitern ein Konkurrenzunternehmen. Warum sollte man die viele Energie nicht auf eigene Rechnung einsetzen? Schnell fanden sich zwei weitere Investoren aus der steirischen Unternehmerlandschaft.

Unter dem neuen Namen „Remus" stellte man in Bärnbach ein erstes, kleines Werk auf die grüne Wiese. 1991 begann die Produktion mit 40 Mitarbeitern. Dann folgte rasant eine Ausbaustufe auf die andere. Umsätze und Mitarbeiterzahlen entwickelten sich steil nach oben, 1999 eröffnete man eine zusätzliche Fabrik in Köflach.

Parallel dazu ging es dem Konkurrenten Sebring sukzessive schlechter. „Es war eine ganze Reihe von Gründen, aber darauf will ich nicht näher eingehen", gibt sich Otto K. zurückhaltend. Jedenfalls konnten 1997 die Remus-Besitzer ihre ehemalige Firma Sebring zu 100 Prozent übernehmen und begannen gleich darauf mit dem Neubau einer hochmodernen Produktions- und Forschungsstätte in Voitsberg.

Heute liegt der Gruppenumsatz bei 650 Millionen Schilling, erwirtschaftet von 500 Mitarbeitern. Exportiert wird in zahlreiche Länder der Welt, mit Schwerpunkt Deutschland und EU, die Exportquote erreichte zuletzt 90 Prozent. Die Auftragslage ist laut Otto K. „ausgezeichnet", an Arbeitskräften nimmt man, wen man kriegen kann, und es sind immer zuwenige Fachkräfte.

Etwas mehr als 2.000 unterschiedliche Auspuff-Varianten listen Sebring und Remus in ihrem Programm auf. Zwei Eigenschaften haben alle gemein. Im Neudeutsch der – vorwiegend – jungen Fans: Sound und Power. „Wir filtern die hohen Frequenzen heraus", erklärt der Techniker K., „und ohne dass die gesamte Lautstärke zunimmt, klingt das Auto besser." „Der Abgasgegendruck ist geringer", weiß seine Frau Angelika, „das bringt zwischen drei und fünf Prozent mehr Leistung."

In erster Linie kaufen private Kunden die Auspuffe als Nachrüstsatz und lassen sie auf ihre Serienautos schrauben. Dabei spielt naturgemäß die junge GTI-Klientel vom Land eine Rolle. Aber auch auf immer mehr eleganten städtischen Limousinen und Sportwagen finden sich die großkalibrigen Chrom-Endrohre.

Für den ideologischen Überbau und die kontinuierliche Markenwerbung sorgen vor allem die diversen Rennfahrer, die als Litfasssäulen für Sebring und Remus unterwegs sind. Begonnen hat es noch mit Jochen Rindt, dann folgte Damon Hill, heute sind es Jacques Villeneuve und Karl Wendlinger.

Parallel zum Rennsport pflegen die K.s seit langem enge Kontakte mit deutschen Auto-Tunern. Zu diesen gesellten sich in den letzten Jahren auch die Tuning-Abteilungen großer Automobilkonzerne: Saab und Volvo kaufen Auspuffe für werkseigene Sportmodelle zu, und auch Mercedes ordert bereits für einige schnelle AMG-Limousinen und -Coupés.

Der Weg näher hin zu den Konzernen sei die Zukunft, erzählt Otto K. Begonnen hat es in der Steiermark, als Zulieferer zum Puch/Mercedes G. „Das sind keine besonders großen Stückzahlen. Aber wir waren schon bei der Entwicklung dabei." Vor allem diente der Auftrag als Türöffner für weitere – umfangreichere – Bestellungen seitens Mercedes. Als Erstausstatter beliefert die weststeirische Gruppe auch General Motors (Vauxhall, Opel) sowie den italienischen Motorradhersteller Ducati.

„Wir sind Gott sei Dank in einem Segment, wo man nur um Mark verhandelt, nicht um Groschen", berichtet Angelika K. „Nur als Produzenten von Massenware brauchen uns die Automobilfirmen nicht." Entscheidend ist dabei die eigene Entwicklungsabteilung, die schon jetzt ein Akustik-Labor enthält. Dennoch werden heuer noch einmal 40 Millionen Schilling in diese Abteilung investiert.

Allein mit Fleiß und Geschäftssinn ist es freilich auch in dieser Branche nicht getan. Techniker K. horcht bei komplizierten Problemen immer noch selbst hin, egal was die Computer behaupten. Und schnelle Autos lieben beide Chefs: Sie fährt neben dem Porsche noch einen Maserati, er einen SL – „nur ein bisserl getunt" –, ein paar Oldtimer stehen in der Garage. „Richtig schnell fahren kann ich aber eh nur hie und da in Deutschland", bedauert er. „Sonst ist es halt die Freude am Beschleunigen."

„Die Börse, ein riesiges Casino?“

Mick S., Finanz-Consulter

Beim Handelsgericht ist die neue Firma schon eingetragen, das Chefbüro in dem Wiener Gründerzeithaus unweit vom Belvedere sieht noch etwas improvisiert aus. Eigentlich war es einmal eine Dienstwohnung, die wenigen Regale hat der Geschäftsführer erst sehr lückenhaft mit seinen Ordnern und Unterlagen in Beschlag genommen. Bloß der Hund hat schon seine Decke mit Wassernapf beim Fenster, gleich unter dem Computerschirm des Herrls.

Mick S. ist wieder Unternehmer geworden. Gemeinsam mit einem Banker und einer für österreichische Verhältnisse großen PR-Firma hat er eine Beratung für börsennotierte Unternehmen und solche, die in der nächsten Zeit ihren Sprung an einen der konkurrierenden Finanzmärkte wagen wollen, gegründet: Hochegger Financials.

„Die Börse, ein riesiges Casino?“, fragt S. polemisch in seiner Präsentationsmappe, mit der er gerade auf Kunden-Tour unterwegs ist. Natürlich denkt er nicht so über die Kapitalmärkte, ganz im Gegenteil, aber man muss doch ein wenig provokanter ins Gespräch kommen. „Es gibt einen unglaublich harten Wettbewerb um das Kapital von Investoren“, erzählt er. „Und eigentlich ist es bei den professionellen Analysten und Fondsmanagern genau so wie bei mir als Privatmann. Sie wollen wissen, warum sie ihr Geld gerade diesem bestimmten Unternehmen geben sollen.“

Die Zeit des Abcashens – auf dem lange Zeit nicht gerade seriösen Wiener Markt besonders offensichtlich – sei zumindest in den meisten Branchen vorbei, es gehe heute vor allem darum, zwischen Unternehmen und Aktionären ein langfristiges Vertrauensverhältnis aufzubauen. Dieses Vertrauen allein hilft, langfristig die Risikoprämie nach unten zu drücken, sprich Geld für das Unternehmen günstiger zu machen und auch den Kurs stabil zu halten.

S. kennt dieses Geschäft von beiden Seiten des Zaunes. Fünf Jahre lang hat er für einen österreichischen Industriekonzern Investor Relations betrieben, und zwar für die Lenzing AG, einen Kunstfaserproduzenten, der auf drei Kontinenten produziert und auch große internationale Fonds zu seinen Aktionärsgruppen zählt. Davor hatte S. einen Wirtschaftspressedienst aufgebaut und selbst geleitet.

Journalist war der 1956 in Wien geborene S. eigentlich schon immer. Bei der Schülerzeitung in seinem Gymnasium hat zum Schreiben auch noch die gesamte Herstellung und der Vertrieb gehört: Matrizenabziehen, Seiten stapeln, heften und anschließend verteilen. „Es war eine Art Ur-Produktion", lächelt er heute, „die Wertschöpfungstiefe war natürlich riesig."

Über eine Studentenzeitung des VSStÖ und erste Jobs bei der Sozialistischen Korrespondenz rutschte der Jus-Student dann immer tiefer in den Beruf hinein. Es folgten einige Jahre ORF im Wiener Studio, und dort lernte der Jung-Reporter die Realität der Medien kennen: „Ich habe etwa an einem Tag live einen Radio-Bericht von einem Schlittenhunde-Rennen in Auhof gemacht, und dann am Abend noch einen Beitrag fürs Österreich-Bild gebastelt." Intellektuellere Ansprüche befriedigte er mit Feature-Beiträgen über zeitgeschichtliche Themen.

1986 wagte er zum ersten Mal den Sprung in die Selbständigkeit. Der Verband der öffentlichen Wirtschaft, eine Interessengemeinschaft, zu der Unternehmen wie der Verbund oder die ÖBB gehörten, gab einen eigenen Pressedienst heraus, dem aber bald das Geld ausging. S. erkannte seine Chance und bot an, gemeinsam mit einem Freund die Agentur zu übernehmen und auf eigenes Risiko unabhängig und kommerziell zu betreiben.

Am Anfang wählten S. und Co eine gefinkelte Strategie: Den Zeitungen gestattete man den Gratis-Abdruck der Nachrichten, von Firmenkunden kassierte man Abo-Gebühren. Die Zeit war den Jungunternehmern gewogen. S.: „Wir sind gerade in den Beginn des Wiener Börsebooms hineingefallen. Es gab die ersten Emissionen: Radex, AUA, OMV." Natürlich wollten die neuen Investoren regelmäßig informiert werden, und auf dem Markt lag die Börseberichterstattung noch darnieder. Nach zwei Jahren hatte der „Wirtschaftspressedienst" fast alle heimischen Zeitungen unter Vertrag – und auch den ORF.

Das Unternehmen expandierte vorsichtig, S. konzentrierte sich vor allem auf die Geschäftsführung und die Kundenbetreuung, sein Kompagnon auf die Redaktionsleitung. Vier angestellte und fünf freie Redakteure berichteten aus der österreichischen Wirtschaft, mit einem großen deutschen Branchendienst konnte man eine Kooperation aushandeln.

Mitte der 90er Jahre war S. ein wenig müde geworden: „Immer wieder dasselbe reicht einem halt einmal." Er verkaufte seine Firmenanteile an den deutschen Partner und zwei leitende Mitarbeiter, und diese verkauften später ihrerseits an die österreichische Nachrichtenagentur APA. S. nahm ein Angebot der Lenzing an, in die Industrie zu wechseln.

Doch die Medien hatten nach wie vor auf ihn eine magische Anziehungskraft. S. kehrte in den Wirtschaftsjournalismus zurück – als Autor des „Österreichischen Industriemagazins". Im Vorjahr suchte dann die ORF-Geschäftsführung jemanden, der ein neues Konzept für den etwas verstaubten, aber viel genutzten Teletext entwickeln sollte, und beauftragte S. damit. Dieser machte sich mit Anforderungen, wie sie in der Privatwirtschaft üblich sind, unter den gemütlichen Redakteuren nicht nur Freunde, erste Strukturreformen sind jedoch bereits in Umsetzung.

Als aber ein schwarzer Betriebsratskaiser den Agenturprofi an seine Studentenzeit von vor zwanzig Jahren erinnerte und ihn damit auf einen SPÖ-Schützling reduzieren wollte, sagte S. dem ORF endgültig ade. Er will zwar den ORF als seinen früheren Kunden nicht offen kritisieren. Doch seine Abneigung gegen Politfilz und versteinerte Apparate kann dem Unternehmensberater keiner aus dem Gesicht redigieren.

Das Auto aus dem Osten

Johann G., Mechanikermeister

Eigenes Büro hat der Chef keines. Johann G. empfängt seine Besucher hemdsärmelig an einem Verkäufertisch, eingeklemmt zwischen den Computer-Terminals der Buchhalterinnen und dem engen Showroom, in den gerade zwei glänzend polierte Neuwagen passen.

Und von Ruhe kann keine Rede sein. Denn trotz Fenstertag, an dem viele heimische Unternehmen in Lethargie verfallen, ist hier im niederösterreichischen Hainfeld etwas los: Mechaniker und Bürodamen wuseln hin und her, immer wieder zwängen sich Kunden hinters Lenkrad der ausgestellten Autos, überschüttet vom Redeschwall des Verkäufers.

Das muss auch so sein, denn der 34-jährige G. ist einer der erfolgreichsten Skoda-Händler Österreichs. Immerhin 150 Neuwagen hat er in der Kleinstadt im Vorjahr verkauft, das ist praktisch jeden zweiten Tag einer. Da braucht man die Fenstertage.

Dabei hätte G. vor sieben Jahren seine Chance beinahe übersehen. Damals wäre er einen unangemeldeten Besucher am liebsten gleich wieder losgeworden, als man ihn aus seiner Werkstatt hervorholte – im Blaumann und mit ölverschmierten Händen.

Ob er nicht Skoda-Händler werden wolle, fragte ihn an diesem Sommertag im Jahr 1992 der Mann im Anzug. G., damals stolzer Jungunternehmer und Besitzer einer freien Werkstätte in Traisen nahe Hainfeld, lächelte bloß spöttisch. Schließlich schraubte er ja vor allem an deutschen BMW-Limousine herum – das war wohl eine andere Spielklasse. Aber der Mann ließ sich nicht entmutigen: G. sei gerade jemand, wie er ihn suche, und er lasse ihm für zwei Wochen einen Neuwagen zum Testen kommen – voll versichert und ohne Risiko. Nach zehn Minuten war die Konversation im Werkstatthof vorbei und G. zurück in seiner Ölgrube.

Die Sache ging ihm aber nicht aus dem Kopf. Erst vier Jahre zuvor hatte er sich als 23-Jähriger selbständig gemacht – praktisch ohne Eigenkapital. „Ich habe mein Gewand gehabt und ein Auto, 100.000 Schilling waren von den Eltern, 300.000 von der Bank.“ Aber auch für den Kredit hafteten die Eltern mit ihrem Eigenheim. Die Werkzeuge und Testgeräte stammten aus dem Konkurs einer BWM-Werkstätte in St. Pölten.

Als dann wie angekündigt der Skoda Favorit vor der Tür stand, sah ihn sich G. zumindest einmal genau an. „Wir haben ihn nach der Arbeit ordentlich ausprobiert, über die Berge und die Autobahn gejagt, und auch geschaut, ob er im Motorraum so unzugänglich ist wie manche Franzosen.“ Es war gerade kein Bayrischer, aber wirkliche Schwachstellen konnte G. am Dubcek-Maserati keine finden.

Der Skoda-Mann rief wieder an, und diesmal nahm sich G. Zeit. Zwei Stunden diskutierten die beiden miteinander, „und er hat das sehr geschickt gemacht“, erinnert sich der Meister heute. „Er hat sich gleich einen Block und Kuli genommen und mich gefragt, was ich alles am Auto ändern würde – als Fahrer und als Mechaniker. Er hat mich ernst genommen.“ Außerdem erzählte er G., dass der VW-Konzern an Skoda beteiligt sei und bereits mehr als 100 konkrete Verbesserungen geplant habe.

Am Ende des Gesprächs unterschrieb G. einen Skoda-Händlervertrag. „Meine Verpflichtungen waren recht gering – ich habe einen Vorführwagen auf Kommission bekommen und einen habe ich kaufen müssen – Zahlungsziel 90 Tage. Nicht einmal eine Mindestmenge Ersatzteile wurde vorgeschrieben.“

Das war im Herbst 1992, und noch vor Weihnachten verkaufte G. zwei Neuwagen. Im nächsten Jahr waren es zwanzig, im darauffolgenden schon achtunddreißig. Bekannte im Ort hatten damals für seinen Schritt zwei Theorien parat. Theorie Nummer eins: Er ist verrückt geworden, seinen gutgepflegten 325er zu verkaufen und in einen Skoda-Favorit umzusteigen. Theorie Nummer zwei: Er ist ein vifer Bursch und ein guter Mechaniker, also muss doch was dran sein.

Es war was dran, und das Wachstum von G.s Betrieb wurde rasant: Die neuen – nun schon unter VW-Regie entwickelten – Modelle Felicia und Octavia kamen in der Region gut an. Der Betrieb platzte bald aus allen Nähten – und 1995 übersiedelte er ins nahegelegene Hainfeld. Jetzt mutete sich G. schon fünf Millionen Schilling für Kaufpreis und Investitionen zu – und wieder ging es gut.

Zwölf Angestellte hat sein Unternehmen heute, 35 Millionen Schilling setzte es im letzten Jahr um – mit 150 Neuwagen. Das bedeutet im Bezirk einen Marktanteil von zwölf Prozent – und Marktführerschaft mit einem einst bespöttelten Nischenprodukt.

Ölige Finger hat G. heute fast nur mehr am Wochenende, wenn er an seinem Käfer-Cabrio herumbastelt – oder wenn ihn ein Mechaniker oder sein Meister bei einem komplizierteren Problem um Hilfe bitten. Dann freut er sich, weil er doch noch nicht so weit weg ist vom Technischen, dass er nicht „in neunzig Prozent der Fälle“ eine Lösung hätte. Jetzt ist dem Chef auch schon die Kundenbetreuung das Wichtigste, „nicht das harte Verkaufen, dafür habe ich einen Verkäufer – ich muss die Leute betreuen und Kontakte pflegen.“

Denn auch auf dem Land wird der Konkurrenzkampf härter. Gute technische Leistungen werden vorausgesetzt, jetzt geht es um Dienstleistung und Atmosphärisches: G. bietet seinen Stammkunden Leihräder und Leihautos, während an ihrem Wagen gearbeitet wird. Im Umkreis von fünf Kilometern holt man das Fahrzeug zum Service ab, das Auto wird anschließend gewaschen und der Aschenbecher ausgeleert.

„Große Steigerungen dürften bei unserem Marktanteil nicht mehr drinnen sein", gibt sich G. realistisch. Aber Ausbaupläne liegen bereits in der Schublade. Der Verkaufsraum braucht Platz für sieben bis acht Autos – die Skoda-Palette wird vielfältiger. Im Herbst kommt der Allradler – und nächstes Jahr vielleicht die große Limousine. Da will G. gerüstet sein.

„Ich spreche die Dinge direkt an“

Elisabeth B., Bankerin

Den Druck sieht man ihr nicht an. Gelöst und beinahe lässig empfängt sie den Besucher in ihrem kargen, modernen Büro in der Wiener City. Sie trägt sportliche, dunkle Hosen und einen sandfarbenen Blazer, dazu wenig, aber geschmackvollen Schmuck, die einfache goldene Calatrava von Patek am Handgelenk. Elisabeth B. ist eine der mächtigsten Frauen in der österreichischen Wirtschaft, als stellvertretende Generaldirektorin der Erste Bank direkt verantwortlich für 200 Filialen, 2.500 Mitarbeiter, ein Kreditvolumen von mehr als 300 Milliarden Schilling und damit „für einen guten Teil unserer Bilanzsumme. Aber ich schlafe dabei gut.“

Fünfzehn bis dreißig große Kreditfälle entscheidet sie selbst jede Woche, sie schaut sich auch immer wieder Betriebe vor Ort an, „leider zu wenige, aus Zeitgründen.“ Zuletzt war sie in Westösterreich unterwegs, bei einem Fruchtsafthersteller und einem hochmodernen Leuchtenerzeuger. Im Büro hat sie fast jeden Tag einen Kunden zu Besuch: „Entweder sie erklären mir ihre Bilanz, ein spezielles Vorhaben oder auch ein nicht erwartetes Problem“, erzählt sie.

Dabei gehe es freilich nicht immer ohne Konflikte ab, denn nicht alles werde bewilligt, „aber friedlich, fair und so offen wie möglich“, betont sie. „Ich spreche die Dinge direkt an, und ich entscheide auch schnell. Der Kunde hat ein Recht darauf, auch bei einem Nein, damit er anderweitig disponieren kann.“ Die Entscheidungen fälle sie nie ohne ihre Mitarbeiter, und bei Interventionsversuchen über den Zuständigen hinweg werde sie gleich unwirsch.

Schnell entschieden habe sie eigentlich schon immer und die Grundsteine zum Management bereits mit siebzehn gelegt. Damals musste sie als Älteste von sechs Geschwistern einen großen Haushalt managen, denn die Mutter hat nur allzu oft ihren Vater, einen konservativen Spitzenpolitiker, begleitet. Diese Hausarbeit war auch gleich für ihre Studienwahl verantwortlich. Ursprünglich hätte es Chemie werden sollen, doch dann ging sie in Wien auf die juridische Fakultät, „weil dort musste man nicht bei allen Vorlesungen anwesend sein."

Erst arbeitete sie vier Jahre in der Creditanstalt im Privatkundengeschäft, dann wechselte sie in die Erste – und ihre steile Karriere begann. Von der Kreditabteilung, wo sie bald eine kleine Führungsfunktion übernahm, kletterte sie ins Großkundengeschäft, wurde dort stellvertretende Leiterin und dann Leiterin. Es folgte der Titel Direktorin, anschließend baute sie eine ganze neue Division auf, und vor drei Jahren öffneten sich die Türen der Vorstandsetage.

Wer Frau B. anfangs als junge Sachbearbeiterin traf, konnte sich wohl kaum die weltgewandte Bankerin vorstellen, die aus ihr einmal werden sollte. „Meine Vorgesetzten haben in den Bewertungsgesprächen immer gesagt: ‚Mehr Selbstbewusstsein!' Ich war lange ein sehr gehemmter, unsicherer Mensch." Das gab sich erst mit der Zeit, mit zunehmendem fachlichen Wissen, auch als sich erste Erfolge einstellten.

Eigentlich sei ihr die Karriere „passiert", meint Frau B. „Viel wichtiger als hierarchische Positionen war mir immer, selbständig entscheiden zu können." Auch aus diesem Grund hat sie „zwei, drei" Positionen, die man ihre angeboten hatte, abgelehnt. „Als Frau denkt man viel eher darüber nach, ob man das schafft, oder ob es die Konstellation zulässt. Ein Mann sagt schneller zu."

Diese Unterschiede begegnen ihr auch heute immer wieder, diesmal von der anderen Seite. Eher unangenehm berührt ist sie von jenen männlichen Aufsteigern, die kaum eine neue Position erreicht haben, und schon wieder anklopfen, um ihren Anspruch auf die nächste Stufe anzumelden. Frau B. fragt eher bei ihren zurückhaltenden talentierten Mitarbeiterinnen an, ob sie nicht an einem Karriereschritt interessiert seien. „Für die eigentliche Besetzung gibt es dann ein Hearing. Und wenn unter vier Männern einer besser qualifiziert ist als die einzige Frau, dann wird er es werden."

Sie selbst habe das Glück gehabt, immer unter Vorgesetzten zu arbeiten, die keine Vorurteile gegenüber Frauen hatten – „und es gibt noch viele Männer mit diesen Vorurteilen." Dass ihrer Ehe mit einem Banker keine Kinder beschieden waren, habe auch eine Rolle gespielt, „denn diese Unterbrechung ist immer ein Nachteil für die Frauen."

Wenn man sie fragt, warum sie ihre Arbeit so „wahnsinnig gerne" macht, dann kommt sofort die Antwort: „Wegen der Menschen." Und die Personalagenden der Großbank lassen Frau B. auch tatsächlich nicht in ihrem Vorstandsbüro vereinsamen. Immer wieder ist sie unterwegs in den Filialen und Kundenzentren, taucht oft überraschend auf, um nicht potemkinsche Erfahrungen zu machen, sitzt regelmäßig in Runden, die völlig unhierarchisch zusammengesetzt sind. „Die jungen Mitarbeiter braucht man auch nicht mehr aus der Reserve zu locken, die sprechen ganz ungezwungen über ihre Probleme und Sorgen."

Dazu gehört unter anderem das immer schnellere Tempo, bei den Kunden und in der Bank selbst. „In einer Mitarbeiterbefragung haben viele geklagt: Zuerst war die Fusion, und dann wieder eine Umstrukturierung, wann wird es endlich ruhiger? Ich habe geantwortet: Daran werden wir uns alle gewöhnen müssen." Ihre konkrete Maßnahme gegen dieses scheinbar endlose Strampeln war, den Mitarbeitern konkrete, überschaubare Ziele vorzugeben, die auch zu erreichen sind.

Die Bankerin B. selbst kommt aus diesem Gehetze ebenfalls nicht heraus. Der normale Arbeitstag geht von halb acht morgens bis sieben, acht am Abend, zu Hause folgen noch zwei Stunden Post. Und auch am Wochenende bleibt zumindest ein ganzer Tag dem Geschäft reserviert. „Mein Privatleben ist auf ein Minimum reduziert", sagt sie, Abendessen oder Konzertbesuche sind meist Geschäftspartnern vorbehalten. „Mir hilft sehr, dass mein Mann schon in Pension ist, alles Lesbare verschlingt und für mich das Wichtigste heraussucht. Wenn er einige Tage weg ist, wird's schwierig. Dann muss ich die gesamte Presse selbst durchgehen."

Die wenigen Mitgliedschaften in Sparkassen-Gremien oder bei den Niederösterreichischen Top Ten, einem Kreis aus regionalen Wirtschaftstreibenden, zählt sie eindeutig zum Geschäft, „denn ich bin keine Netzwerks-Person. Dazu habe ich einen viel zu stark entwickelten Unabhängigkeitssinn. Ich bin zwar neugierig, aber ich möchte niemandem verpflichtet sein."

Bittere Drinks

Josef H., Lagerarbeiter

Jetzt scheint alles wieder im Lot. Josef H. sitzt mit einem verschmitzten Lächeln in seiner winzigen, gemütlichen Stube in dem fünfhundert Jahre alten Haus in der Halleiner Altstadt, dessen Rückseite sich an einen steilen Hang lehnt. Die sonnengebräunte hohe Stirn des knapp sechzigjährigen, kräftig-untersetzten H. lässt unschwer den Bergfex und Wanderer erkennen.

Auf dem massiven Holztisch vor H. liegt freilich ein Dokument der Unruhe. „Schweppes Tätigkeitsbericht 25 Jahre Betriebsrat" liest man auf der Titelseite. Darüber wurde mit ungelenker Hand eine schwarze Fahne gemalt.

Drin finden sich bittere Worte: „Es tut das Herz mir weh, wenn ich Rückschau halte", hat H. in der Einleitung seines Berichts geschrieben. Und dann, mit einem Anflug von Zynismus, der so gar nicht zu dem kernigen Salzburger Arbeiter passen will: „Besonderer Dank aber gebührt den Arbeitgebervertretern im Aufsichtsrat, die uns zum 25. Jahrjubiläum die Kündigungen schenkten."

Es war ein schwarzer Tag im vorigen Herbst, als H. kurzfristig vom deutschen Vorstand der Schweppes AG zu einer Besprechung in ein Salzburger Innenstadthotel gebeten wurde. „Noch vor dem Kaffee habe ich gewusst, was los ist", erinnert er sich. Die Abfüllanlage für Soft-Drinks in Oberalm werde geschlossen, die Schwesterfabrik bei Bonn könne ohne große Anstrengungen die Kapazitäten miterledigen, fünfundzwanzig Arbeitsplätze würden gestrichen.

Es folgten hektische Stunden: erst eine außerordentliche Aufsichtsratsitzung, dann eine Betriebsversammlung. „Und da hat es einigen schon den Boden unter den Füßen weggezogen", erzählt H. Wohl machte die Arbeitnehmerseite noch einige verzweifelte Versuche, den Produktionsstandort zu retten. Man könne nur in einer Schicht arbeiten, oder man möge versuchen, noch andere Getränke hier abzufüllen. Aber die Entscheidung war bereits gefallen, Oberalm würde auf ein reines Auslieferungslager reduziert.

H. war besonders enttäuscht, weil ihn das Management bis zum Schluss nicht informiert hatte – im Gegenteil. Seit fast zwei Jahren hatte es Gerüchte über die bevorstehende Schließung gegeben, und die waren immer wieder dementiert worden. Einmal flog man H. sogar in die Zentrale nach Hamburg, und dort hieß es knapp: „Alles nur Gerede."

„Die haben wahrscheinlich Angst vor einem Haudrauf gehabt, wenn wir das wissen", erklärt sich der langjährige Betriebsrat die Haltung seiner Gegenüber. „Aber das hier war ein Spitzenpersonal. Die Leute haben bis zum letzten Tag brav gearbeitet."

H. war selbst fünfundzwanzig Jahre dem gemeinsamen Angestellten- und Arbeiterbetriebsrat vorgestanden, ja er hatte ihn 1973 selbst gegründet. Der gelernte Hafner aus St. Johann im Pongau war Anfang der sechziger Jahre nach Hallein gezogen, als die Kachelöfen unmodern geworden waren. Erst arbeitete er zehn Jahre in einem Chemieunternehmen an der Produktion von Schuhsohlen. Schon dort war er stellvertretender Arbeiterbetriebsrat. Dann holte ihn ein Bekannter in die neugegründete Schweppes-Abfüllfirma im nahen Oberalm – als Staplerfahrer im Lager.

H. machte sich in den ersten zwei Monaten im neuen Unternehmen daran, eine Betriebsratswahl zu organisieren, und wurde auch gleich selbst gewählt. In seinen 25 Jahren erlebte er Chefs unterschiedlichen Zuschnitts. „Da war ein Engländer, der hat uns nur als notwendiges Übel gesehen und kaum informiert." Da gab es aber auch einen anderen, der ihn „als echten Partner" gesehen hat. H. heute: „Er hat seine Seite hart vertreten, aber auch die unsere verstanden."

Immer wieder habe er Informationen vom Management einfordern, „manchmal auch laut werden und auf den Tisch hauen" müssen. Aber das gehöre zum Geschäft, und es gehe anderen Betriebsräten ebenso. Gegen internationale Konzernentscheidungen blieb freilich auch ein gestandener Gewerkschafter machtlos.

Zur Schadensbegrenzung verhandelte H. noch zäh um einen Sozialplan. Und da das Management bereits angekündigt hatte, man werde sich nicht lumpen lassen, konnte man sogar eine zweieinhalbfache Abfertigung erreichen. Noch wichtiger war freilich, die Gekündigten nicht in die Mutlosigkeit absinken zu lassen: „In so einem kleinen Betrieb kennst du jeden, und auch seine privaten Wehwehchen." Laut H. hat es nur eine Büroangestellte gegeben, die wegen eines Hausbaus verschuldet war, aber sie hat schnell wieder einen neuen Job gefunden.

Jedenfalls holte H. sofort Vertreter vom Arbeitsmarktservice und einer lokalen Arbeitsstiftung ins Unternehmen, auch Betriebsräte aus anderen Firmen meldeten offene Stellen. „Die meisten haben schon wieder etwas gefunden", weiß er. „Aber es hat schon ein paar gegeben im schwierigen Alter, über 50, die haben noch nichts."

H. selbst fährt noch im Auslieferungslager seinen Stapler – bis zum Herbst, dann geht er in Pension. Sein Mandat ist im März ausgelaufen, bis jetzt hat sich niemand gefunden, der im kleinen verbleibenden Unternehmen an seine Stelle treten will. Der vorgesehene Nachfolger, der schon die abendliche Gewerkschaftsschule begonnen hat, wurde ebenfalls gekündigt und wird gerade in der Arbeitsstiftung umgeschult.

Depression sei ein zu starkes Wort, meint H., wenn er seine Stimmung nach der Schließung beschreiben will. „Aber es kommt einem dann erst später so richtig, was es bedeutet. Am Anfang ist man einfach zu beschäftigt."

Er macht jetzt lange Wanderungen mit seiner Frau, sie fahren mit dem Zug in die Umgebung und marschieren von dort zurück. Einmal im Monat sitzt er im Bräu beim Schweppes-Stammtisch. Dort treffen sich die ehemaligen Kollegen und erzählen, was sie jetzt so machen. „Es war halt so wie eine Familie."

Reich durch „stock options“

Gerhard S., Geschäftsführer

Die Situation war selbst für den Profi neu. Der Anruf des Headhunters von Korn/Ferry International hatte Gerhard S. überrascht, aber die angebotene Position als Generaldirektor eines neuen privaten Telekom-Unternehmens in Österreich klang selbst für den Geschäftsführer einer Philips-Tochter verlockend.

„Ich habe immer wieder Top-Leute eingestellt“, erinnert sich der heute 40-Jährige an die Zeit vor knapp zwei Jahren. „Aber mich selbst zu bewerben, war mir unangenehm. Ich bin damals sicher viel unprofessioneller aufgetreten, als es notwendig gewesen wäre.“ S. dürfte dennoch gut angekommen sein – zuerst beim Personalberater und dann beim Generaldirektor der Telekom-Firma Colt in London, denn er bekam den Job.

Nötig hätte er den Wechsel nicht gehabt, weder vom Einkommen noch vom Status her. S. „war bei Philips ein Sir“, er leitete ein 100-Mitarbeiter-Tochterunternehmen, das mit medizintechnischen Geräten rund 400 Millionen Schilling umsetzte. Es gelang ihm trotz schwierigster Marktverhältnisse – die Spitäler wurden immer kräftiger zum Sparen gezwungen –, seine Umsätze zu halten, die Marktanteile sogar auszubauen. Das Unternehmen fuhr auf Schienen, er selbst pendelte in der größten Limousine, die Audi baut, von seinem Wohnort Melk zum riesigen Büro in Wien.

Es war nicht das Geld, das ihn den Sprung in eine neue Welt wagen ließ. Es war vielmehr eine Mischung aus Neugierde und dem Vorsatz, sich in einer rasch ändernden Welt nicht vorzeitig zurückzulehnen. „Ich habe gesehen, wie in der Branche auch langfristig erfolgreiche Manager sehr unschön abgelöst wurden. Man hat sie durch halb so teure und halb so gute ersetzt."

Um ihm den Wechsel zu versüßen, legte Colt freilich auf sein bisheriges Geschäftsführergehalt noch einiges drauf: 20 Prozent mehr bot man ihm, als er bisher inklusive Bonus verdient hatte, dazu noch einmal 50 Prozent Zuschlag bei Erreichen bestimmter – allerdings hochgesteckter – Zielvorgaben. Das Schlagobers auf dem Kuchen waren aber die „stock options", das Anrecht auf den günstigen Bezug von Aktien des Unternehmens. S. lächelt leise, wenn er sagt: „Die sind gut". In Wahrheit haben ihn diese Bezugsrechte reich gemacht, selbst wenn der Kurs – wie bei anderen High-Tech-Werten – immer wieder auf und ab zackt.

Geschenkt bekommen hat er diese Zuckerln freilich nicht. In der knappen Übergangszeit von Philips zu Colt, in der er seinen Nachfolger einarbeitete, hatte er recht wenig Zeit, die neue Branche systematisch kennenzulernen. Und das neue Unternehmen startete auch praktisch bei Null. „Das heißt, dass man sich um alles kümmern muss, vom Rekrutieren der Mitarbeiter bis zur Bestellung von Mineralwasser und Klopapier. Es gibt auch noch niemanden, der einem die notwendigen Flüge bucht."

Zwar hatte ein mobiles Team des Konzerns aus London in Wien eine Art Brückenkopf errichtet – das Tochterunternehmen war im Firmenbuch eingetragen, man hatte Büroräume gesucht –, aber sobald es einen lokalen Managing Director gab, war dieser auf sich allein gestellt. S: „Ich wollte ganz am Anfang zumindest auf eine Woche nach London zur Einschulung, aber nach zwei Tagen saß ich schon im Flugzeug Richtung Frankfurt, um dort mit Schlüsselkunden wie Reuters oder Bloomberg zu verhandeln."

Colt entstand ursprünglich in der Londoner City als Telefon- und Datennetz für Finanzdienstleister, also für Firmenkunden, die regelmäßig große Datenmengen schnell und sicher transportieren müssen: Banken, Versicherungen, Börsen. Bald sah man auch in anderen europäischen Regionen potentielle Kunden und expandierte auf den Kontinent, nach Frankfurt, Paris und in weitere große Städte. Derzeit existieren achtzehn regionale Netze, und diese sind wiederum mit Glasfaserleitungen untereinander verbunden, bald sollen es dreißig sein.

Während die Mehrzahl der neuen privaten Telekom-Firmen bereits bestehende Leitungen der Post mietet und auf ihnen die Gespräche ihrer Kunden transportiert, bedeutete die Konzernstrategie der eigenen Netze für S., dass er sich nicht lange mit abstrakten technischen Begriffen der Telefonie beschäftigen konnte: „Wir haben Wien aufgegraben", erzählt er, „ich musste sehr schnell viel über Tiefbau lernen." Dafür denkt er, der sich als eher schlechter Schüler in Erinnerung hat, dankbar an die HTL zurück. Dort habe er sein technisches Grundverständnis mitbekommen und auch die Fähigkeit zu improvisieren.

Notwendig wurde auch intensives Lobbying bei den zuständigen Behörden, die nicht unbedingt gewohnt waren, derartige Unterfangen innerhalb von Monaten zu genehmigen. Aber in kürzester Zeit durfte Colt – wie einige Mitbewerber – seine Glasfaserkabel durch die Sammelkanäle der Wiener Unterwelt fädeln. Wer in der Innenstadt seinen Blick auf den Boden heftet, sieht auch immer wieder den messingfarbenen Schriftzug auf Pflasterdeckeln, wo man eigentlich nur das Kürzel der Post erwarten würde.

Zusätzlich zu den Kabeln investierte S. in Rechner, die die Datenströme verwalten, „alles in klimatisierten Räumen und jeweils doppelt, aus Sicherheitsgründen". Mehrere 100 Millionen Schilling flossen allein in Österreich ins Unternehmen, derzeit arbeiten 65 Frauen und Männer für die hiesige Tochter. Analysten schätzen den Umsatz auf 250 Millionen Schilling. Die wichtigsten Kunden sind auch hier transnationale Unternehmen, Banken, Börsedienste und auch die Börse selbst, die mit dem Frankfurter Aktienmarkt ein Handelssystem gemeinsam nutzt.

S. hat in der hektischen Aufbauphase fast alle auch noch so unmöglich scheinenden Terminvorgaben eingehalten. Wirklich gemütlich machen kann er es sich auch im heutigen Normbetrieb noch nicht. Aber wenn ihm gelegentlich der richtige Kitzel fehlt, fährt er halt mit dem Motorrad in der Früh von Melk nach Wien.

Hitze und Eis

Angelika K., Fahrradbotin

Schmal und bubenhaft sitzt sie da, schüchtern und ein wenig so, also würde sie frieren. Dabei heizt sie täglich ihren Körper ordentlich auf, bringt Herz und Lungen auf Touren, strafft ihre Muskeln. Einige Dutzend Kilometer fährt Angelika K. als Botin pro Schicht durch Wien, zwar meist in den inneren Bezirken, aber gelegentlich geht es schon auch hinaus an die Grenzen der Stadt, nach Hütteldorf oder in die Weinberge von Grinzing.

Seit eineinhalb Jahren fährt die 33-Jährige jetzt schon auf ihrem Mountainbike Briefe, Unterlagen und Laborbedarf quer durch die Hauptstadt. „In der Früh kostet es schon meist eine Überwindung aufzusteigen, aber dann mache ich es gerne." Auf den längeren Strecken könne das Fahren sogar „meditativ" werden, in der Innenstadt gibt es dazu keine Zeit, man muss höllisch achtgeben, dass einen kein unachtsamer Autofahrer aufgabelt.

„Natürlich ist es nicht immer angenehm", nimmt sie gleich ihre Zufriedenheit ein wenig zurück, „wenn's wirklich heiß ist, wenn alle spinnen, und die Fußgänger laufen einem ohne zu schauen vors Rad, dann krieg' ich schon einen Grant." Kaltes Wetter mache ihr weniger aus, weil man sich ja ohnehin anstrenge, nur Nässe und dann dazwischen größere Wartezeiten, während derer man wieder auskühlt, das nerve sie.

Angelika K. ist eine der wenigen Frauen unter den Wiener Fahrradboten, aber eine von etlichen Akademikern. Sie hat auf ihrer orangeroten Visitkarte ein „Mag." vor ihrem Namen stehen, das sie in den Fächern Theaterwissenschaft und Publizistik erworben hat. Was man nicht lesen kann, sind die zähen Jahre ihrer Versuche, sich mit dem Orchideenstudium auf dem Arbeitsmarkt zu etablieren.

„Eigentlich hat mich immer das Theater interessiert, das Schauspielen." Aber sie konnte sich nicht zu einem Vorsprechen in einer Schauspielschule aufraffen: „Die erwarten, dass man das schon kann, was man eigentlich dort lernen soll, das Schauspielen." Also inskribierte sie Theaterwissenschaft – um festzustellen, dass dieses Studium nicht für eine Karriere auf den Bühnenbrettern ausbildet, sondern für andere Berufe am und neben dem Theater. „Man könnte damit Dramaturg werden oder Kritiker", weiß sie jetzt, und das wollte sie nicht. Dennoch hat sie das Studium als einen Gewinn empfunden und „möchte es nicht missen". Aber so recht hat sie noch nicht herausgefunden, wo sie eigentlich hin will in ihrer beruflichen Zukunft, „was mich wirklich interessiert".

Unmittelbar nach dem Abschluss im Jahr 1995 suchte sie erst einmal relativ lange einen Job und arbeitete dann ein Dreivierteljahr bei einem Wiener Musikverlag als Chefsekretärin. „Wirklich gefallen hat es mir nicht, es ist doch immer wieder in den üblichen Bürostress ausgeartet." Zumindest hatte sie Anspruch auf Arbeitslosengeld erworben – aber ihre nun einsetzende Suche hatte wieder lange keinen Erfolg gezeitigt. Sie klapperte kleine Theater mit ihren Bewerbungen ab, aber wer sie brauchen konnte, hatte kein Geld. Ähnlich ist es ihr bei mehreren Umweltorganisationen gegangen, wo sie sich als Öffentlichkeitsarbeiterin angeboten hat: Freiwillige Mitarbeit hätten alle gerne angenommen, aber Planstellen gab es nicht, nicht einmal vor der bisher letzten Budgetsparrunde.

Lediglich einmal war sie erfolgreich – bei der Österreichischen Bergbauernvereinigung. Dort zahlte ihr das Arbeitsmarktservice ein dreimonatiges Praktikum. Sie arbeitete bei der ÖBV-Zeitung mit, redigierte Reden von Kongressen, half bei der Organisation von Seminaren. „Das hat mir gut gefallen, es war eine sympathische Organisation, die wirklich etwas für die Bergbauern tut und nicht bloß radikale Parolen verbreitet wie andere.“ Aber mit Ende der Stützung durch das AMS war auch dieser Job wieder weg.

Für einen anderen Verein hat sie damals begonnen, ehrenamtlich zu arbeiten: Save Tibet. Einmal in der Woche macht sie Bürodienst, gibt im Sinn der tibetischen Exilregierung Informationen, versucht Spenden zu keilen. Geld verdient sie damit keines.

Das AMS versuchte immer wieder, ihr verschiedene Jobs schmackhaft zu machen, aber es war nie etwas dabei: „Oft war Führerschein B verlangt. Aber ich fahre nicht mit dem Auto.“ Auch mehrere Kurse absolvierte sie mehr oder weniger lustlos, darunter ein Wirtschaftsseminar für Akademiker, obwohl sie wusste, dass sie nie als Buchhalterin würde arbeiten wollen. Controlling und Marketing gefielen ihr schon besser, aber zu einem Arbeitsplatz hat auch das nicht geführt.

Ebenso wenig wie die Kurse, in denen man lernen soll, wie man sich richtig bewirbt: „Meine Bewerbungsunterlagen sind schon in Ordnung. Aber sie machen die Kurse, damit man nicht in der Arbeitslosenstatistik aufscheint. Als sie mich wieder einmal in so einen Kurs zwingen wollten, habe ich gesagt, so geht das nicht weiter. Meine AMS-Betreuerin hat mir das Gefühl vermittelt, ich bin ein Verbrecher und will nicht arbeiten.“

Mit dem Fahrrad war sie schon länger in Wien unterwegs gewesen, kannte die Wege und Routen, also beschloss sie, das direkt zum Gelderwerb zu machen. Nebenher könne sie immer noch ihren Hobbies nachgehen, im privaten Kreis schauspielen oder Tanzkurse besuchen. Anfangs waren ihre Eltern dagegen – vor allem aus Angst wegen der Unfallgefahr –, aber dann gaben sie grünes Licht.

Jetzt ist Frau K. freie Dienstnehmerin. Beim Botendienst Veloce ist sie krankenversichert und erhält etwas mehr als die Hälfte der Nettoeinnahmen aus ihren Fahrten. Diese muss sie dann noch selbst versteuern, und außerdem zahlt sie seit kurzem in eine private Pensionsversicherung ein. Der staatlichen Pensionszukunft vertraut sie nicht so recht, ihr Ansparprogramm soll ihr im Alter zumindest so viel sichern, wie sie jetzt verdient.

Das sind derzeit etwa 10.000 Schilling im Monatsschnitt, die Steuer ist dabei marginal. „Ich mache etwa 500 Schilling am Tag, das ist nicht aufregend. Aber es gibt auch Männer bei uns, die aggressiver fahren und bis zu 1.500 Schilling verdienen." Sie hat schon überlegt, eventuell in ein besseres Rad zu investieren, um ebenfalls mehr zu lukrieren, aber noch hat sie sich dazu nicht durchringen können.

Der karge Verdienst ist auch das Einzige, das sie an ihrem Job so wirklich stört, „aber um das zu ändern, müsste die Firma die Kunden dazu bringen, mehr zu zahlen." Ansonsten gefällt es ihr: „Ich bin relativ frei, und heuer will ich noch ein paar Monate in eine Tanzschule nach Indien. Das ist nicht so teuer."

Abschiedsdiner im Sacher

Robert G., Textilhändler

„Bin ich der Letzte? Wer sperrt ab? Ich?" Robert G., der Chef, sitzt auf einem der übriggebliebenen Drehstühle im leergeräumten Büro. Kabel hängen aus der Wand, Staubschatten lassen frühere Bilderrahmen erahnen, das riesige bunte Hinterglasgemälde des Unternehmens im Treppenhaus kann die Geister des Verschwindens auch nicht mehr bannen. Es geht dem Ende zu.

111 Jahre wäre das Tuchhaus Silesia heuer geworden. „Was wollen Sie, ich werde heuer 72", sagt der elegante weißhaarige G. halb traurig, halb erleichtert, „und wir haben keine Kinder." Doch die privaten Gründe sind freilich nur die eine Seite. Der andere, gewichtigere Grund sind die gewaltigen ökonomischen Veränderungen in der Branche: Die Kunden können heute bei den großen Ketten wie Hennes & Mauritz schon fertige Kleidungsstücke kaufen, die billiger sind als die Meterstoffe. „Und außerdem nähen nicht mehr viele junge Frauen." Bloß beim letzten Abverkauf war das Gedränge der Wienerinnen im Geschäft so groß, dass man mehrmals die Türen zusperren musste.

Bis zuletzt war der Chef noch jeden Morgen um dreiviertel sechs in der Früh in der Firma. Er holte zuvor selbst die Post, und auch am Abend ist es meist spät geworden. „Mein Vater war sehr streng. Gelobt hat er mich nie, dafür vor versammelter Belegschaft heruntergeputzt."

Gegründet hatte die Silesia G.s Großvater, gemeinsam mit einem Kompagnon, im böhmisch-schlesischen Jägerndorf. Die Kollektionen der Stoffhändler wurden an Schneider in der ganzen Monarchie verschickt, in Wien und Prag gab es ab der

Jahrhundertwende Filialbetriebe. Mehr als 200 Menschen arbeiteten für die jüdisch-österreichischen Unternehmerfamilien.

Nach dem Tod der Gründer-Partner übernahm 1931 G.s Vater die Firma. Er hatte im Ersten Weltkrieg als Leutnant bei den Elfer-Dragonern gedient – mit eigenem Pferd. 1938 flüchtete er mit seiner Familie nach England, sein Bruder, der ebenfalls in der Geschäftsführung gearbeitet hatte, wurde in Dachau ermordet.

G. hatte noch die ersten Volksschulklassen auf tschechisch absolviert, in England schickten ihn die Eltern gleich in die Eliteschule Harrow und danach an eine Textilfachschule. Der Vater, der seinen Namen anglisiert hatte, arbeitete in einem Rüstungsbetrieb und baute nach dem Krieg eine kleine Textilfirma auf.

Die Silesia war schon 1938 von zwei Nazis arisiert und während des Krieges ziemlich heruntergewirtschaftet worden. Die beiden Ariseure fielen 1945, die Kommunisten verstaatlichten das tschechische Stammhaus und die Prager Filiale. Das Haus in der Wiener Vorlaufstraße – auf halbem Weg zwischen dem alten Textilviertel und der noblen City – bekam die Familie G. zwar zurückgestellt, aber Ware wie Privatbesitz aus den Wohnungen blieben verschwunden.

G.s Vater begann mit primitiven Woll-Tauschgeschäften zwischen Bauern, Webern und Schneidern. Langsam brachte er den Betrieb wieder in Gang. 1952 rief er auch den jungen G. nach Wien nach, der allerdings nur sehr widerwillig gehorchte – er wäre lieber in England geblieben.

Es folgten harte Lehrjahre unter dem strengen Vater, und oft genug musste der Junior seinen knappen Wochenlohn mit diversen Nebenjobs ein wenig aufbessern. 1969 übernahm er schließlich die Geschäftsführung und eröffnete zusätzlich zur Schneider-Belieferung ein Detailgeschäft. Dieses entwickelte sich sehr erfolgreich, und Ende der 80er Jahre setzte die Firma mehr als 130 Millionen Schilling um.

Von da an ging es aber langsam bergab – „und ich bin nicht plötzlich untüchtiger oder unfähig geworden", meint Herr G. Die Schneiderei wurde ganz einfach von der Konfektion verdrängt, und damit schrumpfte die Kundenbasis der Silesia dramatisch. Dabei wehrte sich das Management mit Zähnen und Klauen gegen den Niedergang: Man produzierte einen aufwendigen halbjährlichen Katalog für exklusive Damenstoffe – der „Silesia Exquisit"-Katalog, Auflage 5.000 Stück, lag bei fast allen Schneidern in Österreich und Deutschland auf – und exportierte bis zuletzt nach ganz Westeuropa, in die USA und nach Japan.

Rote Zahlen schrieb man zwar nie, aber die Umsätze schrumpften dennoch stetig – auf zuletzt 80 Millionen Schilling. „Ich bin langsam davon überzeugt worden, dass das langfristig nicht mehr gehen wird", sagt G. heute. Eine gut überstandene schwere Krankheit seiner Frau war dann der letzte Anstoß zum Rückzug aus dem Geschäft.

50 Angestellte – vor allem Frauen – zählte die Silesia zuletzt, „und sie sind bis auf ganz wenige Ausnahmen bis zum Schluss zum Unternehmen gestanden. Die meisten haben auch schon eine neue Arbeit, nur bei drei, vier Älteren wird es schwierig werden", sorgt sich der Chef. Er selbst wird auch in den nächsten Monaten so früh wie bisher aufstehen, denn die Abwicklung eines Betriebes braucht ihre Zeit, auch wenn das Geschäft selbst schon gesperrt ist. Dafür hat er sich in seinem Wohnhaus am anderen Ende des ersten Bezirks ein neues Büro eingerichtet. Und außerdem freut sich der Siebziger – dem man gerade knapp über sechzig geben würde – aufs Fotografieren, Jagen und Radfahren.

Gefragt, ob er als Jude in Wien schon einmal angepöbelt worden sei, antwortet er: „Ich selbst kaum, aber eine gewisse Stimmung ist schon da." Herr G. sieht aber auch seinen britischen adeligen Schulkollegen von dazumal ähnlicher als manchem strenggläubigen Wiener Textiler vom Salzgrieß.

Vor einem Auftritt hat er allerdings schon Wochen vorher panische Angst. Nach der Betriebsschließung sind alle Mitarbeiter zu einem Abendessen ins Sacher eingeladen. „Ich habe gedacht, das gehört sich für einen ordentlichen Abschluss, wir sind ja zwei Traditionshäuser." Dort muss er dann eine Rede halten. „Und mir kommen ja im Kino schon schnell die Tränen."

Vom Dorf in die Boom-Branche

Irmgard P., Marketingleiterin

„Ich war der Erste aus unserem Dorf, der studiert hat. Und die erste Frau außerdem." Jetzt sitzt die 30-jährige Magistra der Betriebswirtschaft Irmgard P. schon recht selbstbewusst im Business Suit beim Interview. Immerhin verantwortet sie heuer beim großen österreichischen Personalbereitsteller Trenkwalder ein Marketing-Budget von 50 Millionen Schilling. Sie beauftragt eine Werbeagentur, sie überwacht die Produktion von Radio- und TV-Spots, und nur mehr wer ganz genau hinhört, bemerkt noch feine Spuren jener weststeirischen Sprachmelodie, in der sie groß geworden ist.

Sie stammt aus Gersdorf bei Deutschlandsberg. Die Eltern hatten einen Bauernhof mit 20 Stück Mastvieh, gerade groß genug, um die sechsköpfige Familie zu ernähren. Als Irmgard vierzehn war, starb ihre Mutter, und bei der neuen Arbeitsteilung am Hof übernahm sie die Küche. „Ich habe gerne gekocht und ich glaube auch gut." Aber dass der Vater darin gleich einen praktischen Beruf für seine Tochter gesehen hat, das ist ihr doch zu weit gegangen: „Ich habe immer aus dem Dorf weg wollen, es war mir zu eng."

Die Handelsakademie in Deutschlandsberg, die sie wie ihre ältere Schwester besuchte, hätte ihr das wohl nicht ermöglicht. „Jemandem anderen nur Briefe schreiben, das hätte mich angewidert", sagt sie heute bestimmt.

Die Schulnoten reichten für das Studium, das Familienbudget nicht. „Meinem Vater habe ich versprochen, dass es ihn nichts zusätzlich kosten würde." Entscheidende Hilfe beim Überzeugen des skeptischen Witwers kam von einem Münchner

Steuerberaterpaar, das seit mehr als zehn Jahren auf dem Hof seinen Urlaub verbrachte: Er solle doch dem Mädel die Chance geben.

Für das Studium in Graz erhielt sie zwar ein Stipendium, aber jeden Sommer musste gearbeitet werden. Und dabei wagte sich die zarte junge Frau vom Land langsam, aber stetig weiter in die Welt. Zuerst jobbte sie bei der Steiermärkischen Gebietskrankenkasse in Deutschlandsberg, ein Jahr später schon in der Zentrale in Graz. Den nächsten Sommer sah sie in Paris, bei einer Art Arbeitsmarktservice, wo sie sich um die Wiedereingliederung Langzeitarbeitsloser bemühte. Auf die Frage, ob ihr Französisch anfangs gut gewesen sei, antwortet sie ehrlich: „Nein, aber ich habe mich angestrengt." Wiederum ein Jahr später servierte sie einen Sommer lang in der Cafeteria eines Familiencamps im Staat New York. Die Gäste waren orthodox-religiöse Juden, und die Besonderheiten der koscheren Küche waren der steirischen Servierkraft bald nicht mehr fremd. Vom Trinkgeld leistete sie sich dann noch eine einmonatige Bustour – bis hinunter nach Florida.

Zwischen den Sommerjobs stürzte sich die Bauerntochter ganz aufs Studium, und die bisher größte Fahrt konnte sie schon als frischgebackene Akademikerin antreten. Diesmal ging es quer durch den indischen Subkontinent, von Sri Lanka bis Nepal. „Ich habe 40.000 Schilling erspart gehabt und mit meiner Freundin überlegt, wo uns das am längsten reichen wird. Da sind dann sechs Monate Indien draus geworden."

Es war ein gemächliches Reisen ohne Terminstress, verbunden mit den üblichen Krankheiten wie Amöbenruhr, „aber nichts Ernstes". Mitbekommen hat die künftige Managerin dort einiges, was man an der Uni nicht vermittelt bekommt: die Gelassenheit und die Lebensfreude selbst einfacher, armer Menschen, das offene Zugehen auf Fremde.

Dieses philosophische Rüstzeug konnte Frau P. nach ihrer Rückkehr gut gebrauchen. Denn gewartet hatte man auf sie in der steirischen Wirtschaft nicht. Alle Bewerbungsschreiben waren vergeblich, also zog sie nach Wien, als Assistentin der Geschäftsführung bei einer Reinigungsfirma. „Ich habe dort viel gelernt", blickt sie knapp zurück, „und habe es eineinhalb Jahre dort ausgehalten, dreimal solange wie meine Vorgänger und Nachfolger." Heute würde sie „unter derartigen Bedingungen" nicht mehr arbeiten – aber gleich aufgeben, das hat sie sich nicht gestattet.

Es folgte ein Job bei einem Konferezenveranstalter, „Business Circle". Und auf einer von ihr organisierten Tagung über flexible Arbeitszeit lief sie Richard Trenkwalder über den Weg, dem Gründer einer der größten Personalleasingfirmen in Österreich. Er bot ihr die neugeschaffene Marketingleitung an. Vorher hatte er die Agenden selbst betreut, aber jetzt zwang ihn das rasche Wachstum, sich professionellere Strukturen zuzulegen.

P. überlegte nicht lange, auch wenn manche Bekannte auf ihre neue Branche etwas abschätzig herabschauten: „Die verdienen ja an Menschen." Sie sieht die Sache kühler: Alle Mitarbeiter seien unbefristet beschäftigt, und natürlich wolle die Leasingfirma sie so oft wie möglich einzusetzen, im beiderseitigen Interesse.

Es ist ein rasant wachsender Mark, den sich die Steirerin ausgesucht hatte. Als sie vor drei Jahren ihr nüchternes Büro in der Zentrale von Trenkwalder in Schwadorf bei Schwechat bezog, setzte das Unternehmen 560 Millionen Schilling um, heuer sind es 1,2 Milliarden, mit immerhin 3.200 Jahresarbeitskräften an 27 Standorten.

Zuerst einmal galt es, das Unternehmen bekannt zu machen. Jetzt ist die wichtigste Marketingaufgabe von Frau P., neue Mitarbeiter zu finden – die Nachfrage nach Zeitkräften hält ungebrochen an –, ihr Budget hat sich in drei Jahren verzehnfacht.

Und wenn es auch zuweilen hart gewesen ist – es ist ihr gelungen, sich ihre Position unter ihren durchwegs männlichen Kollegen zu erkämpfen.

Dabei hat sie auch die non-verbalen Botschaften der Management-Welt inzwischen verstehen gelernt. „Ich bin eigentlich mit meinem Firmen-Golf sehr zufrieden. Aber die Männer in vergleichbaren Positionen fahren einen Audi, also werde ich auch um einen verhandeln.“ Selbst wenn das bei den Kollegen nicht ganz so gut ankommen könnte.

„Wir moderieren Veränderung“

Heinz A. und Reinhold B., Unternehmer

„Was wir in unseren acht Jahren als selbständige Unternehmer gelernt haben, ist, dass wir aufgegeben haben, strategisch zu denken. Länger als ein halbes Jahr kann man seriös nicht vorausplanen. Alles andere ist Hybris.“ Reinhold B. hat 1992 zusammen mit seinem Kollegen Heinz A. etwas nicht Alltägliches gemacht: Die beiden sind von sicheren Führungspositionen in einer sozialpartnerschaftlichen Institution ins kalte Wasser des Marktes gesprungen.

„Wir haben gemeinsam die größte Abteilung des Berufsförderungsinstituts Oberösterreich geleitet“, erzählt A. „Das war die für soziale Projekte und Arbeitsmarktprojekte, mit etwa 150 Mitarbeitern.“ Die beiden waren fünf Jahre zuvor als „Kamikazes“ und „spätnostalgische Achtundsechziger“ ins BFI gekommen, mit Werkverträgen und ohne klare Vorstellung, was sie dort zu tun hätten. Dann starteten sie eine der ersten Arbeitsstiftungen, nämlich jene für die Beschäftigten der Ennser Zuckerfabrik, die Ende der 80er Jahre zugesperrt hatte.

Schon bei der Ennser Stiftung zeigte sich die Problematik, aber auch das chancenreiche Potential derartiger Versuche, Großinsolvenzen nicht als gottgegebene Katastrophen für eine Region hinzunehmen. „Wir haben analysiert, was die Leute wollen und was man machen kann, und sind auf drei Ebenen gekommen“, erzählt A. Erstens einmal wollten die meisten schnell wieder Arbeit, irgendeine Arbeit. Aber in Industrieregionen, wo man seit Generationen immer im selben Unternehmen gearbeitet hatte, war man dem Arbeitsmarkt entwöhnt: „In Enns hat man einmal wirklich gedacht, man braucht das Arbeitsamt nicht mehr.“

Zweitens versuchte man, in speziellen Qualifizierungsgruppen die Entlassenen auf neue Jobs vorzubereiten, am besten in jenen Bereichen, die sie auch interessierten, etwa nach dem Motto: „Das habe ich schon immer machen wollen." Und drittens machte man in einer Gründergruppe den etwas unternehmerischer Denkenden Mut und bot ihnen auch konkrete Hilfen für den Schritt in die Selbständigkeit an. Das hat dann in Enns etwa zur Gründung einer Gaststätte und zweier Gewerbebetriebe geführt.

Nach dem erfolgreichen Start in Enns kletterten die beiden schnell in der Hierarchie des AK-Instituts nach oben – bis ihnen die bürokratischen Abläufe zu viel wurden. Reinhold B.: „Man hat das BFI mit einer riesigen Anstalt für Behindertenausbildung fusioniert, und auf einmal war das ein Apparat mit mehr als 1.000 Mitarbeitern." „In einem aufgeblähten Berichtswesen ist der interne Aufwand in Richtung 100 Prozent gegangen", schimpft sein Kollege A. Dazu kam, dass die beiden nicht mehr Jobs für die Nichten von AK-Funktionären vermitteln oder die Rede für den Präsidenten zum fünften Mal umschreiben wollten, weil eine Passage noch immer zu scharf war.

So beschlossen sie, sich selbständig zu machen, und gründeten 1992 gemeinsam mit einem dritten Kollegen und einer Sekretärin die Mentor GmbH, vorerst noch mit etwas unklaren Geschäftszielen. „Wir haben am Anfang geglaubt, da, wo wir herkommen, im Bereich Stiftungen und Arbeitsmarkt, gibt es für Private keine Chance, weil sich das BFI und das WIFI das aufteilen", erklärt B. Also begann man mit dem Erstellen von Regionalstudien und mit Gemeindeberatung, erarbeitete Verkehrskonzepte und war für Umweltunternehmen tätig – alles ein wenig unsystematisch. B., Jahrgang '63, hatte Soziologie und Volkswirtschaft studiert, A., Jahrgang '58, war Politologe, und berufliche Erfahrung hatten sie unter anderem aus der ÖAR, der

Österreichischen Arbeitsgemeinschaft für Regionalpolitik, einer Kreisky-Erfindung.

Doch plötzlich bot sich eine Chance. Im Hochsommer 1993 rutschte im steirischen Köflach das Metallwerk Purbach mit rund 200 Mitarbeitern in die Insolvenz. Das steirische BFI verschob die gewünschte Gründung einer Arbeitsstiftung auf den Herbst, weil gerade zu viele Leute im Urlaub waren. Die Mentor-Jungunternehmer arbeiteten einige Nächte durch und legten innerhalb einer Woche ein Stiftungskonzept vor – und der steirische Trägerverein, in dem neben dem Masseverwalter auch Landesbeamte und Gewerkschafter saßen, gab ihnen den Auftrag. Weitere folgten in Eisenerz und Dornbirn, in Leibnitz, Vöcklabruck und Rohrbach.

„Wir haben gewusst, wir müssen überregional arbeiten“, erinnert sich Reinhold B. „Denn nur so haben wir gegen die Sozialpartner-Monopolisten eine Chance gehabt.“ Sie waren aber auch bei den regionalen Beamten des Arbeitsmarkt-Service nicht ungern gesehen. Denn selbst wenn man ihnen den Auftrag nicht erteilte, halfen sie doch, gelegentlich den Preis zu drücken.

Im Laufe der Jahre entwickelten sich mit einigen AMS-Landesstellen rege Geschäftsbeziehungen. So betreut Mentor etwa in Wien ganz spezielle Problemfälle unter Langzeitarbeitslosen. In Niederösterreich gibt es immer wieder regionale Projekte, etwa solche mit dem Ziel, Frauen mobiler und vermittelbarer zu machen. Ebenfalls in Niederösterreich läuft ein Qualifizierungsprojekt für Kenntnisse aus der Informations-Technologie. Heinz A.: „Dabei geht es nicht um die immer wieder beschworenen Spezialisten und Top-Leute. Wir bilden für mittlere Unternehmen Mitarbeiter mit mittleren Qualifikationen aus. Nicht die, die ihnen die Website bauen, sondern die, die sie regelmäßig im Haus aktualisieren.“

Auch in Oberösterreich hat Mentor eine Qualifizierungs-Aktion des Landes organisiert, die sogenannte „Brain Card“. Dabei werden Umschulungswillige auf die spezifischen IT-Anforderungen von Gewerbebetrieben hin ausgebildet. Die Kosten teilen sich Unternehmen und Landesregierung.

Zusätzlich zu diesen Aufträgen rund um den Arbeitsmarkt hat sich Mentor ins klassische Consulting-Geschäft verbreitert. Mittlerweile macht das Unternehmen 70 Millionen Schilling Umsatz – mit 80 Angestellten und 40 freien Mitarbeitern. Diese Beratungen kreisen meist um sogenannte „soft skills“ wie Zeitmanagement, Projektmanagement, Teambildung und interne Unternehmenskommunikation. Die Referenzliste enthält mittlerweile angesehene Namen: AT & S, die Chip-Fabrik von Hannes Androsch, Mayr Melnhof Karton, Steyr Nutzfahrzeuge oder das Softwarehaus Debis.

„Wir beschäftigen uns mit Veränderungsprozessen und versuchen, diese zu moderieren“, erklärt B. „Es ist ziemlich egal, ob ein Arbeitsloser vor einem Scheideweg steht, wenn er einen Job sucht, oder ein Manager, der von der mittleren Ebene an die Spitze aufsteigt. Das ist auch immer wieder neu und spannend, viel interessanter als das fünfte praktische Projektmanagement-Seminar.“ Und um die Frage, ob sie Unternehmer oder Sozialarbeiter seien, endgültig klarzustellen: „Wir machen nicht etwas, was wir gut meinen, sondern etwas, das wir gut können.“

Ein Beisl mit Haube

Brigitta G., Wirtin

„Nein, tut mir leid, heute Abend haben wir keinen Tisch mehr frei." Brigitta G. legt das Mobil-Telefon zurück und zeigt auf den Reservierungsplan. Zeitlich eng gestaffelt sind die Namen eingetragen, ab halb sieben werden die 45 Sitzplätze des Haubenbeisels in Wien-Neubau nicht mehr kalt.

Ein buntes Volk drängt sich hier allabendlich in den zwei gemütlichen holzgetäfelten Stuben: Manchen sieht man den großen Ausgeh-Abend an, sie haben sich in Schale geworfen; Politiker oder Generaldirektoren kommen eher leger mit Familie oder Freunden; dort wartet die Frau eines Philharmonikers auf ihren Mann nach der Oper; dazwischen tafeln Künstler, Journalisten, Weinbauern aus der Wachau und dem Piemont.

Brigitta G. ist nicht als Nachbarin von Angelo Gaja, Franz Ringel oder Hans Mahr aufgewachsen. Sie stammt aus einem kleinen Dorf im Südburgenland. Und von den sieben Kindern auf dem Bauernhof ihrer Großmutter sind sechs aus dem Burgenland weggezogen, der Arbeit nach, die meisten nach Wien. Brigitta, heute 45 Jahre alt, ist noch in ihrem Dorf in die Taferlklasse gegangen, aber Hauptschule und die dreijährige Hauswirtschaftsschule hat sie schon in der Hauptstadt besucht.

Ihre Eltern hatten Anfang der 60er Jahre ein Wirtshaus in Wien-Neubau von einer Schwester ihrer Mutter übernommen. Wie diese waren sie branchenfremd gewesen, der Vater, gelernter Elektriker, musste den Wiener Schmäh in der Gaststube erst lernen, die Mutter ihre gute Küche vom Land professionalisieren. Das Beisl war damals eines wie viele andere in Wien: Die Standardkarte wies Bauchfleisch, Geselchtes und Schnitzel aus, dazu gab es ein, zwei günstige Tagesteller. Die Gäste kamen aus den kleinen Gewerbebetrieben der Umgebung, auch Pensionisten und Studenten des nahegelegenen Oberösterreicherheimes schätzten die billige bodenständige Kost und das günstige Krügel oder Achterl dazu.

Brigitta arbeitete zwar zu Hause mit – vom Service bis zur Küche –, ihr Berufsziel war die Gastronomie allerdings nicht gewesen. Sie wollte Kosmetikerin werden und hat auch eine einschlägige Schule besucht. „Die Leiterin dort hätte mich gleich genommen, aber man hat so wenig verdient." 3.000 Schilling standen den 6.000 gegenüber, die ihr der Papa im Beisl zahlte – noch ohne Trinkgeld. Also blieb sie. Zehn Jahre.

Als ihre Eltern ins Pensionsalter kamen, war sie die klare Nachfolgerin. „Das hat die Familie entschieden, nicht ich", kokettiert sie heute. Ihr Vater war nur Pächter gewesen, jetzt machte sie die Konzessionsprüfung und übernahm das Wirtshaus von der Tante.

Von „trading up" oder einem neuen Unternehmenskonzept war damals noch keine Rede, „ich wollte es einfach schön haben." Die Gaststube wurde renoviert, die alte rabenschwarze Holzverkleidung durch neues Fichtenholz ersetzt. „Am Anfang habe ich geglaubt, mich trifft der Schlag", erinnert sich die Chefin. Der Charme des frischen Holzes entsprach dem von IKEA, und es sollte einige Saisonen dauern, bis das Mobilar einen warmen, rötlichen Ton angenommen hatte. Eine neue Küche folgte, und zehn Jahre lang zahlte Frau G. am Jungunternehmerkredit.

Auch jetzt blieb sie der Familie treu. Ihre Schwägerin Martha übernahm die Küche, der Bruder Martin hilft nach seiner Arbeit am Abend im Lokal aus und hat auch den ansehnlichen Weinkeller aufgebaut. Aber sie musste auch Fremde anstellen – heute gibt es vier Mitarbeiter –, und plötzlich begannen die Kosten zu explodieren. „Wir haben einfach teurer werden müssen", erklärt Frau G.

Große Sorgen hat sie sich damals gemacht, dass das alles eventuell nicht aufgehen könnte. Denn die preissensiblen Weinbeißer blieben auf einmal weg, die Studenten-, Pensionisten- und Kiebererrunden dünnten sich aus. Aber die gastronomische Welt in Wien hatte sich verändert – und auch die Einwohnerstruktur des Bezirks.

Essen und Ausgehen wurde immer wichtiger, die neue Branche der Gastro-Journalisten suchte neben den wenigen teuren Spitzenlokalen nach neuen Themen. Und die einstigen armen Studiosi waren auf einmal Ärzte, Jungmanager und Rechtsanwälte, die sich etwas leisten konnten. Innerhalb weniger Jahre mauserte sich das Beisl von G. zum Geheimtip, plötzlich kam auch der öffentliche Erfolg. 1991 stellte sich das Magazin À la Carte mit der Trophée Gourmet ein, 1992 Gault Millau mit einer Haube.

Die Prominenz ließ nicht lange auf sich warten. Als G.s Mädchenschwarm Udo Jürgens und wenig später Bundeskanzler Franz Vranitzky reservieren ließen, konnte die Wirtin schon etwas ruhiger schlafen. Mittlerweile hat sie zum achten Mal die Haube für ihr Nobelbeisl erhalten, und kaum ein Wien-Führer lässt die Adresse aus. Man hört am Abend an den Tischen Englisch und Französisch reden, ohne Reservierung geht zumindest in den kühleren Jahreszeiten nichts mehr.

Die Chefin kämpft zwar jetzt nicht mehr mit den Schulden – sehr wohl aber um ihre Lebensqualität. Vor einigen Jahren verlegte sie den Ruhetag von der Wochenmitte auf das Wochenende. „Das war ein großer Umsatzeinbruch. Wir haben viele Gäste aus der Branche gehabt, und die haben gut konsumiert." Aber das ruhige Wochenende war ihr mehr wert – selbst wenn am Sonntag die Gedanken bereits wieder ums Geschäft kreisen.

„Krank werden darf immer noch keine von uns beiden", sagt G. über sich und ihre Schwägerin Martha. Und gegen den

Abendstress, wenn einige größere Partien gleichzeitig kommen und in der Mini-Küche der Platz knapp wird, hat sie auch noch kein Rezept gefunden.

Es bleiben die Sommerferien und die Weihnachtssperre, die sie sich herausgenommen hat. Und der gelegentliche Nachmittagskaffe auf der nahen Mariahilferstraße. „Da sitze ich dann, schaue mir die Leute an und denke, ich möchte auch einmal nur 40 Stunden arbeiten. Aber um halb sechs muss ich zurück.“

Management für Arbeiter

Manfred K., Industrie-Dienstleister

Manfred K. sitzt der Schalk im Nacken. Der kräftige Vierzigjährige im offenen Hemd trägt Bäuchlein und weststeirischen Dialekt ganz ungezwungen vor sich her. Aber niemand möge ihn bloß für einen lustigen Gesellen vom letzten Feuerwehrfest halten: Gestern war er in Brünn und nächste Woche muss er nach Szentgotthárd, und dann geht es wieder nach Polen und nach Kaiserslautern.

K. kokettiert zwar damit, dass er bloß „Hundefutterverkäufer" gelernt habe, aber die paar Jahre Kabarett auf steirischen Bühnen relativieren diese Aussage gleich wieder. Er meint damit eine „tolle Zeit" bei Master Foods, und dort habe er vieles gelernt, was den Erfolg eines multinationalen Konzerns so ausmacht.

K. ist heute selbst Geschäftsführer und Mitbesitzer eines kleinen Multis mit 120 Mitarbeitern: TCM International. Tool Consulting & Management. Von seinem Büro in Graz aus leitet er Techniker und Monteure in Ungarn, in Polen, in Slowenien und vielleicht bald auch am anderen Ende des Erdballs, in Australien. Er hat sich selbst eine ganz spezielle Nische als Dienstleister gefunden, im Herzen der Großindustrie, vor allem der deutschen Autowerker. K.s Mitarbeiter warten Bohrer, Fräser und andere Spezialwerkzeuge und nehmen den Motorenherstellern damit einige Gramm Komplexität von ihren Großstrukturen. Bis K. aber seine Mechaniker in den Autofabriken unterbringen konnte, hat es seine Zeit gedauert.

Mitte der 80er Jahre machte er sich – nach seiner Zeit beim Lebensmittel- und Tierfutterhersteller – in Graz als Werkzeugmaschinenhändler selbständig, gemeinsam mit seiner Frau. 1990 hielt er bei zehn Angestellten. Eine Ahnung von der Sache war ihm aus der Familie mitgegeben worden, sein Großvater hatte einst eine Bohrerfabrik gegründet, aber aus Lebenslust später vernachlässigt und nur mehr als halbe Ruine der nächsten Generation übergeben. K. war in ärmlichen Verhältnissen aufgewachsen und hatte Bürokaufmann gelernt.

Der EU gegenüber war K. damals äußerst skeptisch. „Ich habe gesehen, dass die großen Unternehmen die kleinen und mittleren ruinieren." Auch seine eigene Handelsfirma sah er bedroht: Wer würde in Zukunft noch einen kleinen Werkzeugmaschinenhändler in Graz brauchen, wenn man ohne Grenzprobleme überall in Europa einkaufen kann?

„Ich habe trotzdem für Europa gestimmt", setzt er nach, „und heute bin ich ein großer EU-Befürworter." Und das nicht nur wegen der Zollerleichterungen, die er selbst seinerzeit als Importeur nutzen konnte, sondern vor allem, weil er schließlich erkennen musste, dass es nicht bloß an Europa gelegen ist, dass „im Handel nicht mehr die Zukunft ist". Und aus dieser Erkenntnis zog K. den Schluss, dass man selbst in sehr speziellen Segmenten in einer Kombination aus Handel und Dienstleistung die Zukunft leichter absichern könne als mit der bloßen Lieferung einzelner Maschinen.

Seine große Chance kam mit der Ansiedlung des Opel-Motorenwerks im ungarischen Szentgotthárd, unmittelbar hinter der südburgenländischen Grenze. Die Fabrik wurde extrem schlank aufgebaut, Opel wollte sich bei der modernen Fertigung – die im Übrigen eng mit dem Motorenwerk in Wien-Aspern zusammenarbeitet – wirklich auf die engsten eigenen Kernkompetenzen beschränken. Alles, was nicht unmittelbar mit der Produktion zu tun hatte, wurde ausgelagert oder erst gar nicht von Opel selbst betrieben, vom Wachdienst bis zur Kantine.

K. hatte mit zwei deutschen Maschinenbauern und einem Techniker und früheren Opel-Mann eine Firma gegründet und bot Opel ein umfassendes Servicepaket für die Werkzeuge der Bearbeitungsmaschinen an. Er würde in der Fabrik mit seinen Leuten die Bohrer und Fräser zur Motorenbearbeitung überprüfen, reinigen, warten und ersetzen. Nach langwierigen Verhandlungen bekam er den Auftrag, heute sind 40 TCM-Mitarbeiter direkt in der Opel-Fabrik stationiert. K.: „Ihre Probleme sind jetzt unsere Probleme."

K. zitiert gerne den langjährigen Opel-Werksdirektor in Szentgotthárd mit den Worten: „Beim Budget-Erstellen für die Werkzeuge tue ich mir leicht: Erzeugte Motoren mal Faktor X." K.s Gewinn liegt darin, dass er durch sorgfältige Wartung der Werkzeuge deren Lebensdauer verlängert und die teure Nachbeschaffung möglichst lange hinauszögert, bei maximaler Produktionsqualität für den Kunden. K: „Die Genauigkeit des Bohrens entscheidet darüber, ob ein Auto vier oder fünf Liter Benzin verbraucht."

Die Zufriedenheit von Opel sprach sich in der Branche herum, und K.s Unternehmen erhielt einen ähnlichen Auftrag von der Konkurrenz in Polen, in einem neuen Motorenwerk des VW-Konzerns. Seit Juli 1999 werden im schlesischen Polkovice die modernen Pumpe-Düse TDI-Turbodieselmotoren gebaut, und wiederum sind K.s Männer vor Ort. Zwei weitere kleinere Aufträge bearbeitet er beim slowenischen Skihersteller Elan sowie bei einem obersteirischen Automobil-Zulieferer.

„Das Entscheidende für unseren Erfolg ist die Qualifizierung der Mitarbeiter", meint K. und blättert in dicken Ordnern, in denen penibel die Englisch- und Managementkurse seiner steirischen Mitarbeiter verzeichnet sind: „Und das sind keine Angestellten, das sind die Arbeiter", fügt er stolz hinzu. „Ich zahle die Kurse, sie geben ihre Zeit."

In einer unscheinbaren kleinen Werkstatt im weststeirischen Voitsberg, der ehemaligen Wasseraufbereitungsanlage einer Glasfabrik, erhalten die osteuropäischen Mitarbeiter ihre Schulungen. Hier stehen die modernsten Werkzeug-Messgeräte, die es derzeit weltweit gibt, jedes Stück im Wert von ein paar Millionen Schilling. „So ein kleines Werkzeug, wie wir es warten, scheint nicht wichtig zu sein“, sagt K. „Aber der Erfolg einer ganzen Zylinderkopf-Anlage um 300 Millionen Schilling hängt letzten Endes am Funktionieren des Bohrers.“

Die Kellnerin am Telefon

Doris B., Call Agent

„O.K., machen Sie den Aufnahmetest." Doris B., 40, wollte es erst gar nicht glauben. Immerhin hatte sie sich schon viermal bei der Call Center-Firma beworben, und der vorherige Personalchef hatte sie stets mit der Begründung abgewimmelt: „Wir nehmen keine Behinderten."

Jetzt saß sie mit sieben anderen – meist Jüngeren – beim Test und schwitzte Blut. „Ich war so fertig, habe Schweißausbrüche gehabt und Magenweh. Angst pur." Noch dazu jagten die Finger einiger Konkurrenten nur so über die PC-Tastaturen, dass ihr Angst und Bang wurde, und dann gab es Fragen, mit denen konnte sie nicht gleich etwas anfangen. „Da ist ein Mann zu mir hergekommen, heute weiß ich, er ist Senior Team Leader, und hat gesagt, fragen Sie nur, ich bin ja dafür da, um Ihnen zu helfen."

Wie lange die Quälerei gedauert hat, weiß Frau B. nicht mehr, aber sie erinnert sich noch genau an die ängstliche Frage via Telefon am Nachmittag um halb drei, wie es ausgegangen sei. „Ich habe mit Sicherheit gedacht, ich bin nicht durchgekommen, und dann hat der Personalchef am anderen Ende gleich gelacht und gesagt, am Montag können Sie anfangen."

Die Augen der lebenslustigen, rundlichen Frau B. mit dem kurzen Rotschopf glänzen noch heute ganz feucht, wenn sie von diesem Tag vor sechs Monaten erzählt. „Das hat mein Leben umgedreht, mein Selbstbewusstsein ist wieder da. Ich war schon so depressiv, habe gar nicht mehr Einkaufen gehen wollen oder zu Freunden." Immerhin rund hundert Bewerbungsschreiben hatte sie in den beiden Jahren zuvor verschickt, und nirgends hatte sich ein Job gefunden.

Mit einer der „komischen“ Fragen im Aufnahmetest bei der Call Center Firma Transcom, wo sie heute arbeitet, konnte sie freilich gleich etwas anfangen. „Welcher Tag hat Ihr Leben verändert?“ Sie war damals fünfzehn gewesen, als ihr bei einem Zusammenstoß auf der Skipiste ein Rowdy mehrere Lendenwirbel gebrochen hatte. Die Folge für das Mädchen waren erst einmal eineinhalb Jahre Rollstuhl, und später als Erwachsene mehrere Operationen, begleitet von Schmerzen und oft stark beeinträchtigter Beweglichkeit.

„Ich habe gerade das Poly fertigmachen wollen. Einer von meinen Lehrern damals ist immer ins Spital gekommen und hat mir geholfen, dass ich durchkomme. Wirklich super.“ An eine Lehre war dann nicht zu denken, bei einer Freundin konnte sie im Salon bloß ein bisserl frisieren und färben lernen. „Ich habe schnell eingesehen, dass das nicht geht.“

Also arbeitete sie erst als Kassierin in einem Supermarkt, aber das hat ihr überhaupt nicht getaugt. Und als sich ihr Rücken etwas gebessert hatte, begann sie in einem kleinen „Tschocherl“ in Meidling als Serviererin. Es gab dort ein reizendes älteres Paar, das brachte ihr alles Nötige bei, „wie man einen guten Kaffee macht und so.“ Nachdem die beiden in Pension gegangen waren, führte Frau B. kurzzeitig ein Obst- und Gemüsegeschäft und jobbte nebenbei am Wochenende in einem anderen Café – als frisch verheiratete Mutter brauchte sie jeden Schilling.

Von dort warb sie der Besitzer eines großen Alt-Wiener Wirtshauses in Meidling ab. Und nun begannen ihre „glücklichsten Jahre. Ich war Kellnerin mit Leib und Seele. Es war ein riesiges Lokal, ich habe im Dirndl bedient und allein große Hochzeiten gemacht.“ Zehn Jahre sollte Frau B. dort arbeiten – für die Gäste war sie keine Kellnerin, sondern eine Institution.

Aber ihr Körper machte nicht mit. Zu all den Rückenschmerzen kam noch ein Krebsleiden, mit Spitalsaufenthalt und

Chemotherapie. Und vor vier Jahren haben sich dann die Folgen des Skiunfalls wieder so dramatisch bemerkbar gemacht, dass sie in der Früh nicht mehr aufstehen konnte. Weitere Operationen waren nötig, die Arbeit im Gastgewerbe war unmöglich geworden.

Jetzt begann auch Frau B.s Odyssee im Arbeitsmarktservice. „Die haben gemeint, es gibt ohnehin keine Chance für mich, in meinem Alter mit Behinderung. Ich soll in Pension gehen." Aber wer sie heute sieht, weiß, dass sie es zu Hause nicht ausgehalten hätte, sie braucht Menschen, Ansprache, Bewegung. „Und was soll ich meinem Mann erzählen, wenn er heimkommt? Dass ich den Boden geputzt habe?" Sie setzte den Besuch eines Computer-Kurses durch, und dort stieß sie auf eine hilfsbereite Trainerin, die ihr Wollen sah und ihr auch nach Stundenende noch half, Schwieriges zu verstehen.

Danach aber wieder die Verzweiflung: nicht gebraucht zu werden, keine Antwort auf die Bewerbungen bekommen – und die ständige Furcht: zu alt. Eine Betreuerin beim AMS riet ihr einmal, Behinderung und Krankheit zu verschweigen, aber sie weigerte sich: „Das kommt ja doch raus, und dann ist das noch peinlicher."

Die Hoffnung namens Call Center weckte in ihr eine Freundin, die außerdem vom tollen Betriebsklima bei Transcom schwärmte – aber dreimal versuchte Frau B. vergeblich, beim Personalchef vorzusprechen. Erst dessen Nachfolger ließ sie zu einem persönlichen Gespräch kommen – und meinte gleich zu allem Anfang und noch vor dem Test: „Man merkt ja gar nichts!" Tatsächlich hat Frau B. auf kurzen Wegen keine Probleme, erst wenn's länger bergauf geht oder über viele Stiegen, bekommt sie Schwierigkeiten.

Mit dem bestandenen Test war das Lernen der strahlenden neuen Angestellen freilich noch nicht vorbei. Erst einmal gab es eine Woche Einschulung und dann wiederholt Kurse. „Ich mache die mit Freude, das ist immer interessant.“ Die schwerste Hürde stellte das Englische dar, ihr dünnes Schulenglisch war fast völlig vergessen und jetzt brauchte sie es auf einmal. Aber sie legte sich lange Schummellisten an, die sie auswendig lernte, und bekam auch hier immer wieder Hilfe von ihren Kollegen und Kolleginnen.

An ihrem Telefon-Arbeitsplatz am Call Floor betreut sie die Kunden einer privaten Telecom-Firma, als wäre sie deren Angestellte: „Guten Tag, hier ist Doris B., was kann ich für Sie tun?“ Ganz am Anfang hat sie Neuanmeldungen entgegengenommen, dann für Customer Care gearbeitet, wo sie Beschwerden nachgegangen ist und Fragen beantwortet hat. Jetzt kümmert sie sich um Credit Control, sprich um alles, was mit der Bezahlung der Rechnungen zusammenhängt. „Da wird gelogen wie gedruckt“, erzählt sie, „aber ich bin freundlich und versuche zu helfen, wo ich kann. Ich war selber oft flach in meinem Leben, dann habe ich halt gesagt, ich kann momentan nicht zahlen, keinen Schmäh.“ Jetzt, mit ihren 15.000 netto, geht es deutlich leichter, in einem kleinen Auto pendelt sie täglich aus Stadlau nach Erdberg. „Ich bin so glücklich, alles ist wieder geregelt, und ich arbeite ja gerne.“

Ganz stolz erzählt sie von einem Erlebnis während ihrer Zeit bei der Neukunden-Anmeldung. „Da war einer, der hat nur Englisch gesprochen. Und ich habe das alleine gemacht.“

Aus dem Mühlviertel nach Paris

Friedrich L., Leinenweber

Stolz zeigt Friedrich L. auf seine neuen Maschinen. Mit lauten Worten und ausbreitenden Gesten kämpft der kräftige Mann im Tweedsakko und in Westernstiefeln gegen der Lärm der Webstühle an, die in der Halle monoton und staubig vor sich hin rattern und Kilometer von Garn fressen. Seite an Seite stehen hier die neuen, elektronisch gesteuerten Anlagen neben ihren Ahnen, über denen noch die großen Lochkarten ihre Endlosschleifen ziehen, wie gewaltige Tafelbücher in Blindenschrift.

Fast 150 Jahre ist die Leinenweberei der Familie L. schon alt, und eigentlich hat sie sich völlig neu erfinden müssen. Denn mit der großen Tradition der Branche im oberösterreichischen Mühlviertel ist es längst vorbei. Vom einst größten Arbeitgeber des Landes ist ein knappes Dutzend einschlägiger Unternehmen übrig geblieben, und allein in den letzten Jahren haben einige renommierte ihre Fäden für immer abreißen lassen.

Es war eine Kombination aus ignorantem Hochmut und gewaltigen ökonomischen Kräften, die diese Branche beinahe hinweggefegt hat. L. weiß Geschichten zu erzählen, wie wenig man sich früher um Banalitäten wie Buchhaltung, Marketing und Kostenrechnung gekümmert hat, und plötzlich waren die billigen Waren aus Asien und Osteuropa da – übermächtig.

L., heute 53, führt den Familienbetrieb in Ulrichsberg nahe der bayerischen und böhmischen Grenze seit Anfang der achtziger Jahre. Die Leinenbahnen, die damals von seinen Webstühlen herunterwallten, fanden sich meist als billige Geschirrhangerl in den Katalogen von Moden Müller und Quelle, als Meterware für Trachtenhemden und einfache Dirndln. Doch damit war es bald vorbei, L. suchte verzweifelt nach Alternativen für sein Unternehmen und die vierzig Frauen und Männer, die dort ihr Brot verdienten.

Einige Jahre setzte man auf Waffelstoffe, jene dünnen, saugfähigen Baumwollgewebe, die sich noch in manchen Hotels gegen das amerikanische Frottee behauptet hatten. Aber auch diese Zwischenphase hielt nicht lange an. Dann war es Sport- und Freizeitbekleidung unter dem Namen „Greenland", mit der L. schon ein wenig mehr Wertschöpfung erzielen konnte. Aber auch in diesem Marktsegment hatte niemand auf die Mühlviertler gewartet, die großen Handelsketten kauften billiger bei ihren fernöstlichen Lieferanten ein.

Also versuchte Friedrich L., aus der Not eine Tugend zu machen: Was könnten die Vorteile einer kleinen Manufaktur sein, die noch alte handwerkliche Traditionen beherrscht? Welche Kundenschicht hat genug Geld, um den hohen Handarbeitsanteil zu bezahlen? Er entschloss sich, sein Glück im teuren Luxussegment zu versuchen, engagierte eine bekannte deutsche Textildesignerin und begann, edle Tisch- und Bettwäsche herzustellen, unter seinem eigenen Namen als Label.

Die Mühsal war beträchtlich, L. stand fast ohne nennenswertes Kapital da, ein Sägewerk, das ebenfalls der Familie gehörte, hatte viel Geld verschlungen und musste dann doch zugesperrt werden. Aber es gab erste Erfolge: Einkäufer renommierter internationaler Kaufhäuser nahmen L.s Kollektionen in ihre Regale: Bergdorf & Goodman in New York, Harrod's und Selfridges in London, Printemps in Paris. In Österreich und Deutschland war es der gehobene Einzelhandel, der sich über die teuren Stücke wagte, etwa die „Schwäbische Jungfrau" am Wiener Graben.

Und teuer heißt teuer: Die günstigsten Artikel sind Stoffservietten um 350 Schilling, eine Garnitur Bettwäsche aus Leinen kann schon 6.000 Schilling kosten, ein großer „King Size"-Bettüberwurf 10.000. Für diese Preise erhalten die Kunden aber genaue Maßarbeit. Kein Bett ist zu lang, kein Tisch zu breit, keine Vorhangbahn zu ungewöhnlich, dass dafür Passendes nicht in Ulrichsberg von den Maschinen laufen könnte.

Denn parallel zum Klinkenputzen bei den Einkäufern hatte L. die Produktion rationalisiert. Zwar nähen und bügeln immer noch seine Arbeiterinnen händisch jedes Stück, bevor es eingepackt wird, doch über den gesamten Arbeitsablauf wacht ein elektronisches Warenbewirtschaftungsprogramm. Auf Lager wird nur mehr die Meterware gefertigt, die Endprodukte nähen die Frauen ausschließlich nach Bestellung – und das „in einigen zehntausend Varianten", erzählt L.

Der Luxusmarkt ist klein – und international. Etwa 80 Prozent der Produktion werden exportiert, nach Westeuropa, Amerika und Asien. Bis L. auf seine 40 Millionen Schilling Umsatz kommt, müssen seine Büroangestellten freilich viele kleine Hunderttausend-Schilling-Aufträge schreiben. Und auch bei den edlen Leinenstoffen gab es immer wieder Rückschläge: Mitte der achtziger Jahre stürzten Pfund und Lira ab, dann fiel Deutschland in die Rezession, und vor zwei Jahren schließlich ist der asiatische Markt in Folge der dortigen Finanzkrise über Nacht zusammengebrochen und beginnt sich erst allmählich wieder zu erholen.

Das heurige Jahr aber hat sich sehr gut angelassen, L. konnte auf der wichtigsten Heimtextilienmesse in Frankfurt bei den Vorbestellungen große Zuwächse vermelden, jetzt läuft ein Teil seiner Maschinen bereits im Drei-Schicht-Betrieb. Auch in den Geschäften scheint die neue Kollektion der gedämpften zarten Farben und komplexen Stoffmuster gut angekommen sein, die Orders liegen deutlich über jenen des Vorjahres.

L. weiß freilich, dass kontinuierliches Wachstum ohne zusätzliches Kapital nicht möglich sein wird. Aber in der Textilindustrie will sich keiner jener Fonds-Manager die Hände verbrennen, die anderswo jungen Internet-Firmen so gerne Risikokapital nachwerfen.

Ein Techniker mit Herz

Georg O., Sozialbegleiter

„Rechnen darf ich nicht, und ich tue es auch nicht.“ 500 Schilling im Monat bekommt Georg O. Aufwandsentschädigung. Die Ausgaben in seinem Beruf sind aber höher, erstens nutzt er sein eigenes Auto und zudem lädt er seinen Klienten auf seine Kosten zum Essen ein.

Georg O. ist Sozialbegleiter. Der 69-jährige frühere leitende Angestellte der Austrian Airlines fühlte sich nach seiner Pensionierung vor sieben Jahren „etwas nutzlos. Sie haben uns Teurere, Ältere abzubauen begonnen. Aus betriebswirtschaftlicher Sicht verstehe ich das auch.“ Ein zusätzliches Hobby hat sich der Freizeit-Astronom, der auch gerne in seinem aufgeräumten Gartenhäuschen in Stadlau herumbastelt, nicht gesucht – er wollte seine Zeit mit sozialen Aktivitäten füllen: „Ich wollte jemandem helfen, aber nicht anonym Erlagscheine einzahlen.“

In einem Vorlesungsverzeichnis der Volkshochschule an der Wiener Urania hat er dann etwas gefunden, was ihn interessiert hat: eine Vortragsreihe des Vereins „Pro Mente Infirmis“, in der zum Sozialbegleiter ausgebildet wurde. „Pro Mente Infirmis“ – das sind Privatpersonen, die sich verpflichten, im Schnitt zweimal die Woche ihre Zeit einem psychisch Kranken zu widmen. Es geht darum Menschen zu helfen, die zwar keinen Spitals- oder Heimplatz brauchen, aber doch nicht so ganz allein zurechtkommen.

O. betreut seit mittlerweile sieben Jahren einen beinahe dreißig Jahre jüngeren Mann mit der Diagnose paranoide Schizophrenie. Sein Klient – die Hilfsorganisationen vermeiden bewusst das Wort Patient – hat zwar noch eine Elektrikerlehre und das Bundesheer absolviert, aber auch das nur mehr mit Mühe, die Krankheit ist bereits im Alter von siebzehn Jahren virulent geworden. Es folgten einige Jahre in der psychiatrischen Anstalt Steinhof, und vor Herrn O. gab es schon einen ehrenamtlichen Betreuer.

„Das ist vielleicht etwas untypisch, aber ich habe meinen Schützling übernommen, weil sein vorheriger Betreuer zu alt geworden war." Die beiden trafen sich in einem Büro des Psychosozialen Dienstes Floridsdorf, und seither sieht der rüstige Pensionist zweimal die Woche nach dem Kranken, der gleich alt ist wie sein eigener, gesunder Sohn. „Putzen und Waschen tut ihm seine Mutter", erzählt er, „aber sie ist eine einfache Frau, und sie versteht die Krankheit nicht. Sie möchte ihn mit Nörgeln verändern."

Herr O. und sein Schützling, der ihn anderen gegenüber als seinen „Betreuer" vorstellt, erledigen gemeinsam Einkäufe und die monatliche Medikamentenausgabe bei den Ärzten. „Wir fahren hinaus ins Grüne zum Spazieren, und auch bei uns zu Hause war er schon öfter. Aber vor meiner Frau hat er ein wenig Scheu."

Die Menschenangst ist überhaupt der beherrschende Zug im Leben des Kranken. Ohne seinen Begleiter würde er oft tagelang nicht ins Freie gehen und sich in seiner kleinen Floridsdorfer Gemeindewohnung mit CD-Hören und Bibel-Lesen vergraben. Georg O.: „Er nimmt buchstäblich alles wörtlich, und bei unserer Supervision haben sie uns gesagt, dass das Teil des Krankheitsbildes ist. So hat er etwa eine Liedzeile gelesen, in der es heißt: Die Gedanken sind frei. Er versteht das so, dass ihm jeder auf der Straße in seinen Kopf hineinschauen kann, und das macht ihm Angst."

Der Sozialbegleiter redet ihm gut zu, lässt ihn von seiner Krankheit erzählen, geht mit ihm durch Höhen und Tiefen. „Er ist im Vergleich zu anderen ein schwerer Fall und oft von einer tiefen Traurigkeit. Manchmal sagt er dann: Jetzt ist das Leben wieder bunter." Gelegentlich gibt es Aggressionen, es fallen Flüche oder auch einmal Dinge auf den Zimmerboden oder in den Hof – aber gefährlich ist der Kranke nicht, und auf seinen Betreuer ist er noch nie losgegangen. „Er richtet seine Aggressionen meist gegen sich selbst, ist voller Schuldgefühle." Mit den Nachbarn hat Herr O. schon gesprochen, sie etwa um Verständnis für die laute Musik ersucht – und er war dabei erfolgreich.

Manchmal wird Herr O. um zwei Uhr früh angerufen – er steigt dann in seinen Wagen und fährt nach Floridsdorf hinüber, um seinem Schützling zu helfen, die schwarze Zeit zu übertauchen. Einmal hat er ihm sogar das Leben gerettet: „Ich habe geklopft und geklopft, es war unser ausgemachter Termin. Schließlich hat er sich doch zur Tür geschleppt und ich habe sofort gesehen, was los war." Herr O. telefonierte dann mit dem Psychosozialen Dienst und fragte, was man bei einer Medikamentenvergiftung tun kann, und dann ist er brav mit dem Benommenen im Zimmer herumgegangen, um den Kreislauf auf Touren zu bringen. Es hat aber nichts genützt, die Rettung musste dennoch kommen.

Nach einigen Tagen Spital wollte die behandelnde Ärztin den Selbstmord-Kandidaten nach Steinhof überweisen. „Ich habe ihr gesagt, dass ich mich um ihn kümmere, und dass das nicht notwendig ist", erzählt O. „Er hat immer wieder gedroht, in den Guglhupf geht er nicht mehr, eher bringt er sich um. Wir sind dann in meinem Auto weit hinaus gefahren in den Wald, er hat mir hoch und heilig versprochen, es nicht wieder zu tun. Ich habe ihm erklärt: Helfen kann ich dir nur, solange du lebst!"

Herr O., der ein gewähltes Wienerisch spricht und noch immer den analytisch-nüchternen Habitus des Technikers mit einigen Dienstjahren bei Siemens zeigt, möchte heute diese Aufgabe nicht mehr missen. „Es ist ein zweiter Beruf geworden. Und ich will auch da etwas Ordentliches leisten. In solchen Ausnahmesituationen wächst man dann über sich hinaus."

Je nach Zustand vergilt ihm sein Schützling seine Sorge mit Misstrauen – oder mit großer Dankbarkeit. Etwa zuletzt, als er ihn ganz verzweifelt angerufen hat: Man habe ihm die Wohnungstüre zugenagelt! Herr O. sah nach dem Rechten: Der Verwirrte hatte sich im riesigen Gemeindebau verlaufen, eine Stiege weiter waren zwei Wohnungen zusammengelegt worden, und wo er seine eigene Wohnungstüre gesucht hatte, sah er nur ein weißes Brett.

Existenzangst und Freiheit

Susi K., Grafikerin

Den Garten würde hier wohl niemand vermuten. Vom Verkehr, der auf der anderen Seite des Hauses rund um die Uhr von der Wiener Innenstadt zweispurig in Richtung Gürtel fließt, hört man so gut wie nichts. Unter drei mächtigen alten Bäumen rankt sich schwarzgrüner Efeu, wuchern üppig ins Freie gestellte Zimmerpflanzen, formen sich Heurigenbank, Liegestuhl und halbrepariertes Fahrrad zum städtischen Hinterhofidyll. Zwei grellrote Plastikflamingos in einer Ecke geben dem Ganzen noch eine etwas schrille Note.

Hier im siebenten Wiener Bezirk haben Kleingewerbebetriebe Tradition. Erst waren es die Weber, Färber und Sticker, dann die Tischler, Mechaniker und Maschinenbauer, heute drängt sich eine – technologisch und branchenmäßig – neue Generation in die Höfe zwischen der Mariahilfer Straße und der Josefstadt. Susi K., eine zierliche Frau mit Bubenschopf in T-Shirt und Turnschuhen, hält ihr 100 Quadratmeter großes Souterrrain-Büro, das auf den zauberhaften Garten hinausgeht, technologisch auf dem neuesten Stand. Mehrere hunderttausend Schilling hat die selbständige Grafikerin in Hardware und Programme investiert, „und faul sein darfst du nicht, du musst immer auf dem Laufenden bleiben, die Druckereien verlangen das."

Aber allzusehr lässt sich Frau K. nicht jagen von der Raserei des Marktes. Sicher, übernommene Aufträge müssen zeitgerecht fertig sein, dafür ist sie Profi genug. Und das bedeutet auch oft zwanzig Stunden Arbeit auf einen Schlag, Termin ist Termin. „Aber dann tue ich halt vier Tage einfach nichts, fahre mit der Bahn aufs Land hinaus, Reiten bei Freunden."

Im eigenen Büro mit den vielen Computern, mit der Tischtennisplatte zwischen den Schirmen und dem Videoplatz, sitzt sie erst seit einem halben Jahr. Davor hatte sie gemeinsam mit drei anderen Kollegen und Kolleginnen eine Offene Erwerbsgemeinschaft betrieben, war aber bald wieder ausgestiegen. Details will sie dazu keine sagen, aber einer hatte angefangen, sich als Chef aufzuspielen, und das ist ihr gegen den Strich gegangen: „Ich habe in großen Werbeagenturen gearbeitet, und auf einmal hat es so ausgesehen, dass wir selbst eine kleine werden. Das wollte ich nicht."

Zur Selbständigkeit ist Frau K. erst allmählich gekommen, mehr aus Reaktion auf die kreischende Geschäftigkeit der Agenturwelt denn aus bewusster Karriereplanung. Nach der Matura in Feldkirch zog die 1964 Geborene nach Wien und versuchte ihr Glück an der Hochschule für Angewandte Kunst, scheiterte aber an der Aufnahmsprüfung. Zwei Jahre investierte sie in eine private Kunstschule, um herauszufinden, dass ihr das nicht viel brachte. Schließlich bewarb sie sich „mit der schlechtesten Mappe der Welt" bei einer Wiener Werbeagentur – und wurde prompt genommen, erst als Free-Lancerin, bald darauf als Angestellte.

Damals hat man noch alle graphischen Entwürfe eigenhändig aufs Papier geklebt – bis Mitte der 80er Jahre ihr Arbeitgeber als einer der ersten Agenturen in Wien voll auf den Computer setzte, ohne vorerst noch zu wissen, was dabei herauskommen würde. „Wir haben uns praktisch alles selbst beigebracht, damals hat es noch keine gescheiten Kurse gegeben", erinnert sich K.

Schnell hat die neue Technik ihre Vorteile bewiesen, und schnell bekam Susi K. auch ihre ersten privaten Aufträge, die sie – mit Erlaubnis ihrer Arbeitgeber – am Abend im Büro abwickelte. „Ich war viel in Bars und Musiklokalen unterwegs, und alle haben Flyer und Programmblätter gebraucht."

Die Fülle an freien Aufträgen half ihr auch bei der Entscheidung, sich selbständig zu machen. „In einer großen Agentur gibt es meist auch große Kunden auf der anderen Seite", erklärt sie, „und als Graphiker kann man dann Pech haben und dann ewig nur mehr für einen einzigen Kunden arbeiten." Das sei von der Kreativität her unergiebig – Routine ist tödlich für die Phantasie. „Und außerdem ist der Graphiker in einem großen Betrieb der Allerletzte, sogar die Kontakt-Tussies können einem noch dreinreden."

Frau K. kaufte sich einen ersten Macintosh für zu Hause und arbeitete als Free-Lancerin für verschiedenste Firmen. Seit drei Jahren, als man sie mit der komplizierten Werkvertragsregelung zu sehr ärgerte, hat sie einen Gewerbeschein und ist bei der Gewerblichen Versicherungsanstalt „teuer zwangsversichert".

Ihre Kundschaft teilt sie grob in zwei Gruppen: Da sind einmal die rein kommerziellen Aufträge – die macht sie des Geldes wegen, routiniert und professionell. Ihr Herz aber schlägt für die kleinen, kreativen Graphikarbeiten – auch wenn sie bei ihnen immer wieder mit offenen Rechnungen übrig bleibt. Die Auftraggeber sind Kulturvereine, Musikproduzenten oder Frauenorganisationen, und seit neuestem gibt Frau K. mit ein paar Freunden – auf eigene Rechnung – eine anspruchsvolle politische Kulturzeitschrift heraus: „Coco" (nein, nicht nach der berühmten Chanel, sondern als Abkürzung für „cosmonaut's collective"). „Es ist zwar schwarz-weiß, aber mir bleibt wichtig, dass die Leute, die es machen, ein bunter Haufen sind." Denn so wenig sie Unterordnung am Arbeitsplatz ausstehen kann, so sehr braucht sie auch andere – gleichberechtigte – Menschen um sich herum.

Hier und da erwischt auch sie der geschäftliche Blues: „Wenn einmal einen Monat lang keine Aufträge da sind, dann schrecke ich mich schon, auch wenn ich eigentlich ausspannen sollte."

Aber meist hat sie auf dem boomenden Werbemarkt genug zu tun, und sie könnte oft deutlich mehr Jobs übernehmen. „Vielleicht bin ich zu wenig ehrgeizig, wenn ich mehr arbeiten würde, könnte ich sogar reich sein."

Aber dann steht sie vom Computer auf und geht durch die Gartentüre ins Freie. Dort hat sie heuer im Frühling den „Seppi" aufgezogen, ein aus dem Nest gefallenes Meisenjunges. „Eigentlich ist es ein ziemlicher Luxus, was ich da mache."

Anhang

Firmenindex:

Literatur zum Weiterlesen

Ausgewählte Bücher zu den Themen Ökonomie, Globalisierung und Arbeitsmarkt sowie Sammlungen von Reportagen.

Ackerman, Frank u.a. (Hg.): The Changing Nature of Work. Washington D.C.-Covelo 1998.

Afheldt, Horst: Wohlstand für niemand? Die Marktwirtschaft entläßt ihre Kinder. München 1994.

Barber, Benjamin R.: Jihad vs. McWorld. How Globalism and Tribalism Are Reshaping the World. New York-Toronto 1996.

Barber, Benjamin R.: A Place For Us. How to Make Society Civil and Democracy Strong. New York 1998.

Barbier, Hans D./Fides Krause-Brewer (Hg.): Die Person hinter dem Produkt. 40 Portraits erfolgreicher Unternehmer. Bonn-Bad Godesberg 1988.

Beck, Ulrich: Was ist Globalisierung? Frankfurt/Main 1997.

Beck, Ulrich (Hg.): Perspektiven der Weltgesellschaft. Frankfurt/Main 1998.

Beck, Ulrich: Risikogesellschaft. Auf dem Weg in eine andere Moderne. Frankfurt/Main 1986.

Beck, Ulrich (Hg.): Politik der Globalisierung. Frankfurt/Main 1998.

Beer, Elisabeth u.a.: Wem gehört Österreichs Wirtschaft wirklich? Wien-München-Zürich 1991.

Roland Berger & Partner u.a. (Hg.): Auf der Suche nach Europas Stärken. Managementkulturen und Erfolgsfaktoren. Landsberg 1993.

Bourdieu, Pierre: Die feinen Unterschiede. Kritik der gesellschaftlichen Urteilskraft. Frankfurt/Main 1992.

Bourdieu, Pierre: Das Elend der Welt. Zeugnisse und Diagnosen alltäglichen Leidens an der Gesellschaft. Konstanz 1997.

Bridges, William: JobShift. How to Prosper in a Workplace Without Jobs. Reading 1994.

Burgdorff, Stephan (Hg.): Wirtschaft im Untergrund. Reinbek 1983.

Butschek, Felix: Die österreichische Wirtschaft im 20. Jahrhundert. Wien 1985.

Cameron, Rondo: A Concise Economic History of the World. Oxford 1993.

Campbell, Andrew/Laura L. Nash: A Sense of Mission. Defining Direction for the Large Corporation. Reading 1992.

Cohen, Daniel: Fehldiagnose Globalisierung. Die Neuverteilung des Wohlstands nach der dritten industriellen Revolution. Frankfurt-New York 1997.

Coupland, Douglas: Life After God. London 1995.

Das liebe Geld. Kursbuch 130. Berlin 1997.

Glotz, Peter: Die beschleunigte Gesellschaft. Kulturkämpfe im digitalen Kapitalismus. München 1999.

Gorz, André: Arbeit zwischen Misere und Utopie. Frankfurt/Main 2000.

Ehrenreich, Barbara: Fear of Falling. The Inner Life of the Middle Class. New York 1990.

Engel, Reinhard: Der harte Weg nach Europa. Osteuropa nach dem Fall des Eisernen Vorhangs. Reportagen und Analysen aus Polen, der Slowakei, Slowenien, Tschechien und Ungarn. Wien 1999.

Enzensberger, Hans Magnus: Ach Europa! Frankfurt/Main 1988.

Forrester, Viviane: Der Terror der Ökonomie. Wien 1997.

Frank, Robert H./Philip J. Cook: The Winner-Take-All Society. New York 1996.

Friedman, Thomas L.: The Lexus and the Olive Tree. Understanding Globalization. New York 1999.

Galbraith, John Kenneth: A Journey Through Economic Time. A Firsthand View. Boston-New York 1994.

Garson, Barbara: The Electronic Sweatshop. How Computers Are Transforming the Office of the Future into the Factory of the Past. New York 1988.

Giddens, Anthony: Beyond Left and Right. The Future of Radical Politics. Stanford 1994.

Globale Trends 1998. Fakten, Analysen, Prognosen. Hg.: Stiftung Entwicklung und Frieden. Frankfurt/Main 1997.

Goettle, Gabriele: Deutsche Sitten. Frankfurt/Main 1991.

Greene, Bob: American Beat. New York 1983.

Greider, William: One World, Ready or Not. The Manic Logic of Global Capitalism. New York 1997.

Hirst, Paul/Grahame Thompson: Globlization in Question. Cambridge 1998.

Horx, Matthias: Das Zukunfts-Manifest. Wie wir uns auf das 21. Jahrhundert vorbereiten können. Düsseldorf-München 1997.

llich, Ivan: Gender. New York 1982.

Illich, Ivan: Shadow Work. Salem-London 1981.

Kaplan, Robert D.: The Ends of the Earth. A Journey at the Dawn of the 21st Century. New York 1996.

Karlhofer, Ferdinand/Emmerich Tálos (Hg.): Zukunft der Sozialpartnerschaft. Veränderungsdynamik und Reformbedarf. Wien 1999.

Kisch, Egon Erwin: Gesammelte Werke. Berlin-Weimar 1980.

Korten, David C.: The Post-Corporate World. Life After Capitalism. San Francisco-Hartford 1999.

Kurz, Robert: Der Kollaps der Modernisierung. Vom Zusammenbruch des Kasernensozialismus zur Krise der Weltökonomie. Frankfurt/Main 1991.

Kurz, Robert: Die Welt als Wille und Design. Postmoderne, Lifestyle-Linke und die Ästhetisierung der Krise. Berlin 1999.

Kuttner, Robert: Everything for Sale. The Virtues and Limits of Markets. New York 1997.

Landes, David S.: The Wealth and Poverty of Nations. Why Some Are so Rich and Some so Poor. New York-London 1998.

Lapham, Lewis H.: Money and Class in America. Notes and Observations on Our Civil Religion.New York 1988.

Lasch, Christopher: Das Zeitalter des Narzissmus. München 1982.

Leitl, Christoph: Nur Mut. 10 Ängste, die uns bewegen, und 100 Rezepte zu ihrer Bewältigung. Wien 2000.

Levine, Robert: Eine Landkarte der Zeit. Wie Kulturen mit Zeit umgehen. München-Zürich 1998.

Michie, Jonathan/John Grieve Smith (Hg.): Global Instability. The Political Economy of World Economic Governance. London-New York 1999.

Nonaka, Ikujiro/Hirotaka Takeuchi: The Knowledge-Creating Company. How Japanese Companies Create the Dynamics of Innovation. Oxford 1995.

Peters, Thomas J./Robert H. Waterman Jr.: In Search of Excellence. Lessons from America's Best-Run Companies. New York 1984.

Rackham, Neil/Lawrence Friedman/Richard Ruff: Getting Partnering Right. How Market Leaders Are Creating Long-Term Competitive Advantage. New York 1996.

Ransmayr, Christoph: Der Weg nach Surabaya. Reportagen und kleine Prosa. Frankfurt/Main 1999.

Reich, Robert. B.: Die neue Weltwirtschaft. Das Ende der nationalen Ökonomie. Frankfurt/Main 1996.

Rifkin, Jeremy: The End of Work. The Decline of the Global Labor Force and the Dawn of the Post-Market Era. New York 1993.

Roth, Josef: Berliner Saisonbericht. Reportagen und journalistische Arbeiten 1920-1939. Köln 1984.

Roth, Jürgen: Absturz. Das Ende unseres Wohlstands. München 1997.

Rutschky, Michael: Wartezeit. Ein Sittenbild. Köln 1983.

Sandgruber, Roman: Ökonomie und Politik. Österreichische Wirtschaftsgeschichte vom Mittelalter bis zu Gegenwart. Wien 1995.

Schulze, Gerhard: Die Erlebnisgesellschaft. Kultursoziologie der Gegenwart. Frankfurt/Main-New York 1992.

Schulze, Gerhard: Kulissen des Glücks. Streifzüge durch die Eventkultur. Frankfurt/Main-New York 1999.

Sennet, Richard: Verfall und Ende des öffentlichen Lebens. Die Tyrannei der Intimität. Frankfurt/Main 1999.

Sennet, Richard: Der flexible Mensch. Die Kultur des neuen Kapitalismus. Berlin 2000.

Suter, Martin: Business Class. Geschichten aus der Welt des Managements. Zürich 2000.

Sombart, Werner: Liebe, Luxus und Kapitalismus. Über die Entstehung der modernen Welt aus dem Geist der Verschwendung. Berlin o.J. (nach der Originalausgabe 1922).

Stankovsky, Jan/Fritz Plasser/Peter A. Ulram: On the Eve of EU Enlargement. Economic Developments and Democratic Attitudes in East Central Europe. Wien 1998.

Swartz, Richard: Room Service. Geschichten aus Europas Nahem Osten. Frankfurt/Main 1998.

Tálos, Emmerich (Hg.): Soziale Sicherung im Wandel. Österreich und seine Nachbarstaaten. Ein Vergleich. Wien 1998.

Thurow, Lester C.: The Future of Capitalism. How Today's Economic Forces Shape Tomorrow's World. New York 1996.

Tucholsky, Kurt: Gesammelte Werke. Reinbek 1960.

Wolf, Michael J.: The Entertainment Economy. How Mega-Media Forces Are Transforming Our Lives. New York-Toronto 1999.

Womack, James P./Daniel T. Jones: Lean Thinking. Banish Waste and Create Wealth in Your Corporation. New York 1996.

Zysman, John/Adrew Schwartz (Hg.): Enlarging Europe. The Industrial Foundations of an New Political Reality. Berkeley 1998.